THÈSE

POUR LE DOCTORAT

UNIVERSITÉ DE PARIS. — FACULTÉ DE DROIT

LA CONDITION POLITIQUE

DES MILITAIRES

EN DROIT CONSTITUTIONNEL COMPARÉ

THÈSE POUR LE DOCTORAT

L'ACTE PUBLIC SUR LES MATIÈRES CI-APRÈS

Sera soutenu le jeudi 29 mars 1900, à 10 heures

PAR

Raymond BORÉ-VERRIER

LIEUTENANT AU 27ᵉ RÉGIMENT DE DRAGONS

Président : M. CHAVEGRIN.

Suffragants : } MM. RENAULT, CHÉNON, } *professeurs.*

PARIS

Librairie Nouvelle de Droit et de Jurisprudence

ARTHUR ROUSSEAU, ÉDITEUR

14, RUE SOUFFLOT ET RUE TOULLIER, 13

1900

INTRODUCTION

Le principe de la souveraineté nationale, proclamé au XVIII⁰ siècle, fut énoncé sous la forme suivante dans la Déclaration des droits de l'homme et du citoyen, en 1790 : « Le principe de toute souveraineté réside essentiellement dans la nation ; nul corps, nul individu ne peut exercer d'autorité qui n'en émane expressément. »

J.-J. Rousseau trouve la source de cette loi politique dans un contrat social consenti, à l'origine des sociétés, par les hommes d'un même groupement et par lequel ils avaient unanimement consenti à reconnaître une autorité supérieure aux volontés individuelles.

La principale conséquence de ce système, c'est de faire du droit électoral, qui appartient à chaque citoyen, un droit individuel dont chacun est propriétaire au même titre, et dont, par conséquent, la nation ne peut le dépouiller pour aucun motif.

Dans les assemblées révolutionnaires, Rousseau trouva beaucoup de disciples : Boissy-d'Anglas, Condorcet, Pétion, Robespierre proclamèrent, à l'envi, que le droit de suffrage était un droit naturel, un droit absolu, et que la souveraineté nationale n'était que la résultante des souverainetés individuelles (1).

(1) Pétion disait, notamment, dans la séance de l'Assemblée Constituante du 4 septembre 1789 : « Tous les individus qui composent l'association ont le droit inaliénable et sacré de concourir à la formation de la loi, et, si chacun pouvait faire entendre sa volonté particulière, la réu-

Si le droit de suffrage appartient à tout individu, en sa qualité d'être humain, il faut en conclure qu'aucune limitation ne doit être apportée par la nation dans le recrutement des citoyens : aucune condition d'âge, de sexe ne peut être mise à son acquisition, aucun motif tiré de l'intérêt général ne peut justifier la privation ou la suspension de ce droit.

Ceux mêmes qui proclamaient le caractère exclusivement personnel du droit de suffrage se sont bien gardés de consacrer, législativement, ces conséquences extrêmes. Mais il est, aujourd'hui, reconnu que la doctrine de Rousseau repose sur une erreur historique. « La souveraineté », comme l'a dit M. Ducrocq, « réside, non dans les individus, mais dans le corps même de la nation, doué d'une vie propre, distincte de toutes les existences individuelles et passagères dont elle se compose (1). »

Il en résulte que c'est à la nation qu'il appartient de réglementer le droit de suffrage, puisque c'est elle qui en est la dispensatrice (2). Elle a donc le droit de fixer les conditions dans lesquelles elle conférera ce droit, dans l'intérêt général, de même qu'il lui appartient d'en priver certains individus que la société a un intérêt établi et raisonné à voir tenus à l'écart.

Au nombre de ceux à qui la loi a fait une situation à part en matière électorale, sont les militaires dont la condition spéciale fera l'objet de cette étude.

----

nion de toutes les volontés formerait véritablement la volonté générale... Nul ne doit être privé de ce droit, sous aucun prétexte et dans aucun gouvernement. »

(1) Ducrocq, *Cours de droit administratif*, 7e édit., t. III, p. 11.

(2) V. sur ce point, *Théorie catholique de la Souveraineté nationale*, par M. Chénon, br. in-8, Paris, Lamulle et Poisson, 1898, p. 13.

La plupart des nations modernes ont jugé nécessaire de mettre les militaires dans une catégorie à part parmi les citoyens, et l'on est frappé de ce fait, si l'on compare la situation qui leur est donnée dans la société moderne, avec celle qu'ils avaient dans la société antique.

L'évolution qui s'est produite est, certes, caractéristique, mais elle tient moins à une conception différente des droits de citoyen, qu'à la différence absolue de composition entre les armées modernes et les armées anciennes.

Dans les républiques de l'antiquité, on ne jouissait (dans le sens complet du mot) des droits de citoyen que si l'on avait l'honneur de porter les armes, et il y avait identité entre le soldat et le citoyen.

Aujourd'hui, au contraire, le soldat ne peut être citoyen « en exercice », (si l'on nous permet cette expression), mais, par une sorte de vestige laissé dans nos lois par les idées anciennes, pour être « citoyen » et en exercer les prérogatives, il faut avoir été soldat ou mérité de l'être.

C'est cette évolution que nous allons essayer d'exposer en étudiant, d'abord, les droits politiques des militaires à Athènes et à Rome, puis, en France, depuis la Révolution jusqu'à nos jours.

Une seconde partie sera consacrée à la situation faite, actuellement, aux militaires par la législation et la jurisprudence, au double point de vue de l'électorat et de l'éligibilité.

Enfin, dans une dernière partie, nous exposerons sommairement, l'état actuel des principales législations de l'Europe, sur cette matière.

PREMIÈRE PARTIE

HISTOIRE DES DROITS POLITIQUES DES MILITAIRES

CHAPITRE PREMIER

NOTIONS HISTORIQUES.

Il est impossible d'étudier les institutions politiques actuelles des peuples de race latine, et notamment de la France, sans être vivement frappé des caractères communs qu'elles présentent avec celles des peuples anciens de la Grèce et de l'Italie, surtout d'Athènes et de Rome. Il paraît y avoir là plus qu'une simple coïncidence : les traits communs de caractère que l'on rencontre chez les Athéniens et chez les Français, l'influence profonde que la civilisation romaine a exercée sur la formation de la nation française et, par dessus tout, la forme démocratique des sociétés anciennes comme de la France contemporaine sont, pour un observateur attentif, les raisons déterminantes de ces ressemblances.

Chez les Grecs, aussi bien que chez les Romains, il y avait une étroite corrélation entre les institutions politiques et les institutions militaires : la souveraineté résidait dans le peuple qui décidait par lui-même ou par les représentants qu'il avait élus, des affaires publiques. Tout citoyen avait le droit de vote dans les assemblées et comme, d'autre part, tout citoyen était soldat, il en résultait que chaque individu, après avoir exercé son activité en délibérant sur les intérêts de la cité, mettait son bras au service de sa patrie pour la défendre contre les ennemis extérieurs.

A Athènes, depuis la constitution de Solon, le gouvernement était formé de quatre corps politiques : les archontes, l'aréopage, le sénat et l'assemblée. — Les trois premiers étaient recrutés à l'élection et tenaient leurs pouvoirs du peuple qui les nommait. — L'assemblée était composée de tous les citoyens qui, sans distinction, délibéraient sur les affaires soumises à leur examen. Ils prenaient la parole et votaient.

Solon avait réparti tous les citoyens en quatre classes, suivant leur fortune :

La première classe comprenait tous les citoyens ayant un revenu annuel d'au moins 500 médimnes : on y recrutait ceux qui étaient nommés aux grandes charges de l'État, et, notamment, les commandants en chef de l'armée et de la flotte.

La seconde classe était formée des citoyens ayant un revenu annuel de 300 médimnes : c'étaient les chevaliers, c'est-à-dire ceux qui pouvaient entretenir, à leurs frais, un cheval. Ils formaient la cavalerie.

Dans la troisième classe étaient groupés tous ceux qui avaient un revenu annuel de 150 à 200 médimnes : c'était parmi eux que l'on recrutait l'infanterie pesamment armée.

Enfin la quatrième classe comprenait tous ceux dont

le revenu était inférieur à 150 médimnes : c'était elle qui fournissait l'infanterie légère et les équipages de la flotte (1). Cette répartition des Athéniens en quatre classes, au double point de vue politique et militaire, leur rappelait leurs devoirs de citoyens et de soldats. Mais l'organisation militaire de la cité contribuait aussi à les tenir sans cesse présents à leur esprit.

Les citoyens, seuls, faisaient partie de l'armée ; les métèques et les étrangers n'étaient pas soldats. En cas de danger pressant, on les enrôlait aussi, mais ils formaient un corps à part. Ils ne servaient comme les citoyens, que lorsqu'ils avaient obtenu le droit de cité, faveur très difficilement accordée par les Athéniens (2).

Les fils des citoyens, lorsqu'ils étaient parvenus à l'âge de dix-huit ans, étaient présentés aux magistrats qui les revêtaient d'une armure et leur faisaient prêter le serment suivant : « Je ne déshonorerai point ces armes sacrées et je n'abandonnerai point le chef de la troupe dans laquelle je servirai ; je combattrai pour les temples et les choses sacrées, seul et en compagnie. — Je ne laisserai point ma patrie moindre qu'elle ne m'a été transmise ; je travaillerai, au contraire, à la rendre plus forte et plus florissante ; je m'embarquerai pour son service, et je cultiverai la portion de terre qui me tombera en partage ; j'obéirai à ceux qui administreront la justice. — J'obéirai aux lois établies et à toutes celles que le peuple établira, d'un consentement général. Si quelqu'un renverse ces lois ou refuse de s'y soumettre, je m'y opposerai ; soit seul, soit de con-

(1) Duruy, *Histoire des Grecs*, tome I, p. 383 et s.

(2) V. Clerc, *Les métèques athéniens*. Paris, 1893, in-8, p. 38 et s. — Les métèques étaient des étrangers admis à établir leur domicile dans la cité et participant à certains des droits et à certaines des charges des citoyens.

cert avec les autres et je défendrai la religion de ma patrie : j'en prends à témoin les dieux, les Agraules, Enialius, Mars, Jupiter, Thelo et Xeguémone (1).

Après un stage de deux ans dans une garnison de l'Attique, ce qui constituait une sorte de noviciat militaire, les jeunes gens se présentaient de nouveau devant les magistrats et étaient inscrits dans leur tribu sur le catalogue des défenseurs de la patrie. Ceux qui ne se faisaient pas inscrire ou qui ne se présentaient pas lorsqu'ils étaient convoqués pour une expédition, étaient notés d'infamie : ils ne pouvaient plus entrer dans les temples, assister aux cérémonies ou voter dans les assemblées publiques.

L'obligation des citoyens au service militaire actif durait de 20 à 40 ans ; depuis cet âge jusqu'à 60 ans, les Athéniens étaient dispensés de participer aux expéditions lointaines. Ils n'étaient plus tenus de prendre les armes que pour la défense de la patrie (2).

Enfin le peuple exerçait encore une action plus directe sur l'armée, par la nomination des stratèges ou chefs de l'armée : ceux-ci, en effet, étaient élus, tous les ans, par l'assemblée des citoyens.

Dans les autres cités grecques, le service militaire présentait également le caractère d'un devoir civique, ce qui donnait aux citoyens la double qualité d'électeurs et de soldats. Ainsi, à Sparte, la rivale d'Athènes, le peuple exerçait les pouvoirs que la constitution lui conférait dans les Assemblées qui se tenaient tous les mois, et où l'on délibérait sur les affaires publiques. D'autre part, l'éduca-

____

(1) L'abbé Garnier, *Recherches sur les lois militaires des Grecs. Recueil de l'Académie des inscript.*, XLV, 253.

(2) Abbé Garnier, *op. cit.*, 239 et s. ; Daremberg et Saglio, *Dictionn. des antiquités grecques et romaines*, v° *Dilectus*, article de M. Hauvette,

tion des jeunes gens les préparait à la guerre, et l'on y avait adopté cette pratique barbare de précipiter du sommet du Taygète les enfants qui, exposés dès leur naissance, étaient jugés, par les vieillards, trop chétifs pour faire, un jour, de robustes défenseurs de la cité (1).

Si nous passons maintenant de la société grecque à la société romaine, nous constatons la même corrélation entre les institutions politiques et les institutions militaires. L'obligation au service militaire incombait, à Rome, dès l'origine, à tous les citoyens mâles et majeurs, mais aux citoyens seuls.

Cette règle eut d'importantes conséquences. A l'origine, lorsque Rome était un État patricien, les citoyens votaient dans les *comices par curies* où les patriciens seuls pouvaient exprimer leurs suffrages, eux seuls ayant des droits politiques. De même, tant que la qualité de citoyen fut leur apanage exclusif, le droit d'être soldat leur fut également réservé. L'armée se recrutait exclusivement parmi eux (2). Mais, lorsqu'après la réforme de Servius Tullius, une nouvelle répartition des citoyens eût donné aux plébéiens le droit de suffrage, cette mesure eut pour conséquence de leur ouvrir l'accès de l'armée, car le droit de servir et le droit de voter étaient considérés comme inséparables.

Servius Tullius divisa les citoyens, patriciens comme plébéiens, en deux catégories fondées sur le cens : ceux qui possédaient une certaine fortune et ceux qui ne possédaient rien.

(1) Duruy, *Histoire des Grecs*, t. Ier, p. 310 et s.
(2) Mommsen, *Le droit public romain*, VI, 1re partie (trad. Paul-Frédéric Girard), p. 114 et s.

La première catégorie comprenait cinq classes :

1re classe, citoyens possédant une fortune de	100.000 as.
2e —	—	—	75.000 »
3e —	—	—	50.000 »
4e —	—	—	25.000 »
5e —	—	—	12.500 (1).

Chaque classe de citoyens étaient divisée en un certain nombre de centuries comprenant des *juniores*, c'est-à-dire des citoyens de dix-sept à quarante-six ans et des *seniores*, citoyens ayant plus de quarante-six ans. C'était, au point de vue militaire, l'armée active et la réserve. La division du peuple en centuries, étant basée sur la fortune et les soldats s'équipant à leurs frais, il en résultait que, les différentes parties de l'armée se recrutaient dans les classes de citoyens, selon leur richesse. La première classe fournissait la cavalerie et l'infanterie complètement armée, c'est-à-dire portant le casque, la cuirasse, les jambières et le bouclier rond en métal ; dans la seconde classe, les fantassins n'ont plus de cuirasse et portent le bouclier carré en bois ; les soldats de la troisième classe sont dispensés des jambières, mais les citoyens de ces trois classes ont, comme armes offensives, une épée et une pique. Quant aux citoyens des deux dernières classes, ils n'ont plus d'armes défensives ; ceux de la quatrième classe sont armés de la pique et du javelot, ceux de la cinquième, de la fronde.

Enfin les citoyens trop pauvres pour être compris dans la cinquième classe, étaient, en principe, dispensés de tout service. Plus tard, l'introduction de la solde permit d'abaisser le cens minimum exigé pour le service mili-

(1) Ces chiffres ont varié suivant les époques. V. Mommsen, *op. cit.*, p. 283. Les chiffres que nous donnons ici sont ceux de Tite-Live.

laire et de faire participer à la défense du sol les citoyens moins aisés, les plus nombreux.

Le cens fut abaissé, du temps de Polybe, à 4.000 as, puis à 375 as (1).

Si l'on examine, maintenant, la division du peuple en centuries, au point de vue politique, on constate que les *comices par centuries*, devinrent bientôt l'assemblée politique la plus importante de la constitution romaine. L'habile organisation qu'on leur avait donnée constituait un double privilège à l'âge et à la fortune : à l'âge, en ce que, dans chaque classe, les *seniores*, bien que moins nombreux, formaient autant de centuries que les *juniores* ; à la fortune, en ce que les citoyens de la première classe formaient quatre-vingt-dix-huit centuries, c'est-à-dire plus de la moitié des suffrages, privilège important, puisque chaque centurie ne représentait qu'un suffrage et que l'on arrêtait le vote, dès que la majorité était acquise.

Les comices par centuries constituaient l'assemblée des citoyens en armes : ils étaient convoqués au Champ-de-Mars par les chefs de l'armée (2).

À Rome, comme nous l'avons vu dans les cités grecques, il y avait donc une étroite corrélation entre les droits politiques et les devoirs militaires, à ce point que l'indignité de servir était la même que l'indignité de voter : les citoyens auxquels les censeurs refusaient la

(1) Daremberg et Saglio, v° *Dilectus*. V. Lebeau, *Mém. sur la légion romaine, Mém. de l'Académie des inscriptions*, t. 32, p. 326 et s. ; Marquardt, *De l'organisation militaire chez les Romains*, trad. Brissaud.

(2) Daremberg et Saglio, v° *Comitia* : Morlot, *Précis des institut. polit. de Rome*, 1886, in-18, p. 47 et s. ; Fustel de Coulanges, *La Cité antique*, 1881, in-18, p. 337 et s.

pleine possession de l'honneur civique, perdaient, par là, l'aptitude au service militaire et le droit de suffrage lié à elle.

Mais le recrutement de l'armée se modifia avec l'empire : le service militaire perdit son caractère de devoir civique pour devenir une profession. Les nécessités de la défense des frontières obligèrent les empereurs à entretenir des armées permanentes, dans la composition desquelles entrèrent des habitants des provinces et des mercenaires.

L'armée perdit alors le caractère qu'elle avait sous la République, au temps où elle ne comprenait que des citoyens : les légions n'obéissaient plus qu'à leurs chefs, entre les mains desquels elles constituaient souvent un danger pour l'empereur, en soutenant contre lui des compétiteurs. Le plus tristement célèbre de ces corps fut celui des prétoriens, à l'origine, garde d'honneur de l'empereur, mais qui avait acquis une puissance considérable et qui, à plusieurs reprises, disposa du pouvoir (1).

Telle était la transformation qu'avait subie l'armée romaine lors de l'invasion des barbares. Les peuples nouveaux qui envahirent l'Empire étaient, tous, animés de l'esprit belliqueux : tous les hommes libres étaient des guerriers et choisissaient leur chef. Tacite nous apprend que les Germains avaient coutume de tenir de grandes assemblées où l'on se réunissait en armes, et auxquelles le roi soumettait les affaires importantes avec son avis : si l'avis déplaisait, on le repoussait par des murmures ; s'il était approuvé, on agitait les framées (2).

(1) Marquardt, *De l'organisation militaire chez les Romains* (trad. Brissaud), p. 199 et s.
(2) Tacite, *Germ.*, 11, 12.

Après les invasions, on retrouve ce rôle politique dévolu à l'assemblée des guerriers, puisque, chez les Francs établis en Gaule, elles coïncidaient avec les grandes revues dites *Champs-de-Mars* (1). Ces assemblées politiques furent en usage pendant assez longtemps.

Sous les Mérovingiens, les hommes libres devaient répondre à la convocation royale ou *Ban* : le roi réunissait l'armée lorsqu'il projetait une expédition ou lorsqu'il était obligé de défendre le territoire, et tout homme libre, qui manquait à l'appel, devait payer une amende de 60 sous d'or appelée « hériban ».

Charlemagne n'exigea plus le service que des propriétaires, les uns servant personnellement, les autres contribuant à l'équipement des troupes : la base du service militaire fut le *mans*, domaine d'une étendue déterminée, et chaque domaine de *quatre mans* devait fournir un homme. L'Empereur réunit encore de grandes assemblées politiques annuelles, et son règne marqua le commencement de la distinction entre les guerriers et ceux qui participaient aux affaires publiques, puisque l'armée et les assemblées n'avaient déjà plus la même composition.

Avec la féodalité, nous assistons à un morcellement du territoire qui a pour conséquence le morcellement de la souveraineté. Le vassal doit le service militaire au suzerain, mais celui-ci ne le consulte pas pour déclarer la guerre à ses ennemis ; il le convoque, et le vassal qui ne se rend pas à la convocation peut perdre son fief. Plus la

---

(1) V. pour plus de détails, Viollet, *Hist. des inst. polit. et admin. de la France*. t. I, p. 202 et s.

féodalité se développe et plus la caste des privilégiés se sépare du peuple dont elle était sortie.

Ce n'est que dans les communes affranchies que nous trouvons encore, comme dans les Républiques anciennes, des hommes libres, à la fois citoyens et défenseurs de la cité. Le Roi avait même si bien compris les services que pouvaient lui rendre ces bourgeois que, par une ordonnance du 12 mars 1316, Philippe le Long et les députés des villes convinrent, « pour assurer la paix et la tran-
« quillité des villes, que les bonnes villes et gens d'icelles
« seraient garnis d'armures, de telle sorte que si le besoin
« en advenait, les bonnes gens fussent plus prêts pour le
« droit du Roi » (1).

En conséquence, un capitaine royal fut chargé d'instruire les bourgeois. Plus tard, les villes fournirent à l'armée royale des compagnies d'archers ou d'arbalétriers.

Mais les jours des communes elles-mêmes étaient comptés. Lorsque la royauté parvint, après une lutte aussi longue que difficile, à triompher de la féodalité, elle s'attaqua aux franchises des communes. Le pouvoir royal s'éleva sur les ruines des pouvoirs seigneuriaux et communaux. Plus le roi devint fort, plus sa puissance fut absolue, moins il songea à consulter la nation qui devait obéir passivement aux ordres venus d'en haut.

Les États Généraux qui auraient pu, peut-être, par de fréquentes convocations, renseigner le gouvernement du roi sur les besoins et les aspirations du peuple, ne furent réunis que rarement et leurs vœux ne furent presque jamais écoutés.

____

(1) *Recueil des Ordonnances des Rois de France*, t. I, p. 635.

Quant au peuple, s'il ne prenait aucune part aux affaifaires publiques, il était, au moins, aussi étranger à l'armée. Lorsque Charles VII eut créé l'armée permanente, la guerre devint un métier, non des moins lucratifs. Des tailles imposées aux provinces servaient à entretenir les troupes qui, de plus, rançonnaient, pillaient et maltraitaient les paysans. Instrument docile aux mains de ses chefs, même lorsqu'elle se révoltait contre le roi, l'armée était toujours prête à marcher là où il y avait du butin à gagner.

Elle s'éloigna encore plus de la nation, lorsqu'à la fin du XVe siècle on prit l'habitude d'entretenir des corps de mercenaires suisses, allemands, espagnols, italiens, flamands. En 1488, à la bataille de St-Aubin-du-Cormier, il y avait 8.000 Suisses dans l'armée royale et 1.500 Allemands dans les troupes du duc de Bretagne. En 1480, Louis XI paya 6.000 Suisses et Charles VIII, en Italie, en avait 10.000. Jusqu'à la fin de la monarchie, cet usage fut conservé puisque, sous Louis XVI, l'armée royale comptait encore des corps entièrement composés de mercenaires, Allemands et Suisses.

A aucun moment, on ne songea à accorder le moindre droit politique à des armées ainsi composées d'étrangers et d'aventuriers. Les officiers, seuls, prirent part, quelquefois, à l'élection des États Généraux, mais c'était comme nobles, et ils votaient avec leur ordre.

Cet état de choses tenait, non aux institutions politiques d'alors, mais au mode de recrutement de l'armée. Même aux époques de notre histoire où l'on accorde les droits politiques aux militaires, on n'eût pas hésité à les refuser à des armées ainsi recrutées. La Révolution qui transforma si profondément notre organisme politique, ne devait pas négliger la modification de l'armée : ce fut l'objet d'une des premières lois votées par l'Assemblée Constituante.

CHAPITRE II

LA CONDITION POLITIQUE DES MILITAIRES DE 1789 A 1848.

C'est à l'époque révolutionnaire que l'on voit l'armée prendre le caractère qu'elle a encore aujourd'hui : c'est, comme le dit l'acte du 6-12 décembre 1790 « la réunion des forces de tous les citoyens » et elle est « destinée, essentiellement, à agir contre les ennemis du dehors ».

Par suite, elle a des rapports directs avec la nation, ce qui lui fait prendre un vif intérêt aux affaires publiques.

D'autre part, c'est aux mains des citoyens ou de leurs mandataires que se trouve confiée la direction du gouvernement. Il est donc intéressant de rechercher, dans quelle mesure les militaires participeront à l'élection des représentants du peuple et dans quelle mesure ils pourront, eux-mêmes, être chargés de gérer les affaires publiques. Seront-ils, comme à Athènes ou à Rome, à la fois soldats et citoyens? L'armée, au contraire, à raison de ce qu'elle constitue une force publique *essentiellement obéissante*, sera-t-elle au service du pouvoir civil, instrument passif entre ses mains? Ces deux questions ont trouvé place dans nos Constitutions et nous allons commencer par rechercher, comment les assemblées de la période révolutionnaire ont compris le rôle des militaires au point de vue des droits politiques, pour examiner ensuite la situation que leur ont faite les gouvernements qui ont remplacé la première République.

SECTION I. — **Assemblée constituante, Assemblée législative et Convention.**

Lorsque les États Généraux furent convoqués en 1789, ils n'avaient pas été réunis depuis 1614. On suivit pour leur élection le système qui avait servi à l'élection des derniers : l'élection se fit par ordre, et chacun des trois ordres, clergé, noblesse, tiers-état, nomma ses députés par bailliage dans les pays de droit coutumier, par sénéchaussée dans les pays de droit écrit (1).

Les États Généraux, après s'être, par la déclaration du 17 juin 1789, constitués en *Assemblée Nationale*, s'occupèrent, avec ardeur, de voter une Constitution. La loi des 22 décembre 1789-8 janvier 1790, sur les élections, déterminait les conditions requises pour l'électorat et l'éligibilité politiques. Mais, tout en faisant reposer sur la nation le principe du gouvernement, l'Assemblée était encore timide dans ses mesures ; le système électoral était fondé sur le cens et le suffrage était à deux degrés.

Pour avoir le droit de voter dans les assemblées primaires, il fallait être *citoyen actif*, c'est-à-dire réunir les conditions suivantes :

1° Etre Français ou devenu Français ;

2° Etre majeur de 25 ans accomplis ;

3° Etre domicilié de fait dans le canton, au moins depuis un an ;

4° Payer une contribution directe de la valeur locale de trois journées de travail (le prix de la journée de travail

(1) Ordonnance royale du 24 janvier 1789, portant règlement pour l'élection des États Généraux.

fut fixé à un maximum de vingt sous par la loi des 15-16 janvier 1790) ;

5° N'être point dans l'état de domesticité, c'est-à-dire de serviteur à gages (1).

Les assemblées primaires devaient nommer les membres des assemblées secondaires, à raison d'un membre par cent citoyens actifs et, pour ceux-ci, on exigea une contribution plus forte que pour les membres des assemblées primaires ; ils devaient payer une contribution directe se montant, au moins, à la valeur locale de dix journées de travail. Enfin les représentants à l'Assemblée nationale, choisis par les électeurs secondaires, doivent payer une contribution directe équivalente à la valeur d'un marc d'argent et, de plus, être propriétaires fonciers (2).

Ces dispositions s'appliquaient à tous les citoyens, mais la Constituante, en édictant les règles de l'organisation de l'armée, par l'acte des 28 février, 21 mars 1790, examina les conditions dans lesquelles les militaires devraient exercer les droits politiques.

Le projet, qui leur fut soumis, déclarait que les militaires conservaient leur domicile et qu'ils pouvaient exercer les fonctions de citoyen actif. Mais cet article fut vivement combattu par M. de Liancourt, qui le considérait comme dangereux. « Il ne faut pas, dit-il, qu'une « disposition soit dangereuse. Tout ce qui peut nuire à « la société ne peut être juste. Il est probable que les « régiments seront sédentaires et attachés aux départe-

<hr>

(1) Loi des 22 déc. 1789-8 janv. 1790, sect. I, art. 3.
(2) Art. 19 et 32. V. Georges-Denis Weil, *Les élections législatives depuis 1789*, p. 8 et suiv.

« ments. Dès lors, ils seront, le plus ordinairement com-
« posés d'habitants de ces départements. Les officiers
« pourront abuser de leur crédit et de leur supériorité,
« soit pour se faire élire, soit pour diriger et maîtriser,
« dans d'autres vues, les élections. Les soldats ont fait
« un engagement par lequel ils ont renoncé momenta-
« nément à leur liberté et à tous les avantages dont la
« Constitution trouverait du danger à leur laisser l'exer-
« cice. »

M. de Noailles soutint, au contraire, l'article proposé.
« Il est certain que vous avilissez l'armée en la chassant
« de la Constitution. Assurément, elle ne fait pas de dis-
« tinction entre les soldats et les officiers, et si vous pri-
« vez les uns de l'exercice de leurs droits, vous en privez
« également les autres. » A quoi M. de Lameth ajoutait : « Et vous aurez, sinon très peu de bons soldats, du
« moins pas un seul officier (1). »

L'article 6 fut, cependant, voté dans les termes suivants : « Tout militaire en activité conserve son domicile,
« nonobstant les absences nécessitées par son service,
« et peut exercer les fonctions de citoyen actif, s'il a,
« d'ailleurs, les qualités exigées par les décrets de l'As-
« semblée nationale et si, lors des assemblées où doi-
« vent se faire les élections, il n'est pas en garnison dans
« le canton où est situé son domicile. »

On vota aussi l'article 7, ainsi conçu : « Tout militaire
« qui aura servi l'espace de seize ans, sans interruption
« et sans reproche, jouira de la plénitude des droits de
« citoyen actif et est dispensé des conditions relatives à

______

(1) Séance du 28 février 1790. — *Moniteur* du 2 mars.

« la propriété et à la contribution, sous la réserve, expri-
« mée dans l'article précédent, qu'il ne peut exercer ses
« droits s'il est en garnison dans le canton où est son
« domicile. » Ces dispositions furent étendues à l'armée
de mer par l'acte des 26 juin-7 juillet 1790 (art. 8 et 9),
avec les modifications que comportait la différence de
service. A raison de ce que les marins servent en mer, on
ne retrouve plus dans les articles 8 et 9 de cet acte, correspondant aux articles 6 et 7 de celui des 28 février-
21 mars précédent, les dispositions relatives au cas où le
militaire est en garnison dans le canton de son domicile,
et, d'autre part, on assimile soixante-douze mois de services en mer à seize ans de services sur terre.

Ces décrets, en conservant aux militaires l'exercice
des droits politiques, les soumettaient à toutes les conditions exigées des autres citoyens. Il est vrai qu'après
seize ans de bons services à terre ou soixante-douze mois
en mer, les militaires et les marins sont exemptés des
conditions de cens, ce qui en fait même une catégorie
privilégiée d'électeurs, mais la durée des services exigée
pour jouir de cet avantage le réservait à d'anciens soldats.

Si, à ce point de vue, les militaires paraissent favori-
sés, la loi exige, pour leur permettre de prendre part aux
élections, qu'ils ne soient pas en garnison dans le canton
où est situé leur domicile. Cette mesure de défiance qui
répondait aux craintes exprimées par M. de Liancourt,
dans la séance du 28 février, avait pour conséquence de
rendre sinon impossible, du moins fort rare, l'exercice
des droits politiques des militaires ; car, aux difficultés
d'un déplacement souvent onéreux, il faut ajouter les
obligations du service qui ne permettaient pas aux sol-

dats sous les drapeaux de s'absenter pour exercer leurs droits de citoyens actifs. Ils ne pouvaient donc exercer ces droits qu'au cas de congé.

La Constituante, après avoir accordé aux militaires des droits qu'elle ne croyait pas équitable de leur refuser, veilla, avec un soin jaloux, à tenir l'armée à l'écart de la politique : par le décret des 19-20 septembre 1790, elle interdit aux associations politiques, qui commençaient à se répandre en France, de correspondre avec l'armée ni avec aucun des corps qui la composent ; par l'acte des 6-12 décembre, elle interdit aux corps armés de délibérer, leur rappelant que la force armée est essentiellement obéissante, et elle défend aux citoyens actifs d'exercer le droit de suffrage dans aucune des assemblées politiques, s'ils sont armés ou seulement vêtus d'un uniforme.

Cependant, le 6 juillet 1791, une loi fut votée par l'Assemblée, qui modifiait complètement la situation des militaires, au point de vue électoral. Son article unique portait : « Les officiers, sous-officiers ou autres, attachés « au service de terre ou de mer, domiciliés habituelle- « ment dans les lieux où ils se trouveront, soit en gar- « nison, soit de service, pourront y exercer le droit de « citoyen actif, s'ils réunissent les conditions requises ». Cette loi qui fut votée sans discussion, sur le rapport de Desmeuniers, au nom du comité de Constitution, faisait tomber la seule barrière qui, au point de vue politique, séparât les militaires des autres citoyens. On prévoyait tellement leur participation active aux affaires publiques que, par une autre loi, en date des 13-17 juin 1791, l'Assemblée décrétait que les militaires qui seraient membres du Corps législatif, ne pourraient pas quitter leurs fonctions de députés pour aller prendre le commandement des troupes, sans l'autorisation du Corps législatif (1).

La Constitution du 3 septembre 1791, élaborée par l'Assemblée constituante, modifiait les conditions requises pour être citoyen actif. Il fallait désormais :

1° Etre né ou devenu Français ;

2° Etre âgé de vingt-cinq ans accomplis ;

3° Etre domicilié dans la ville ou dans le canton depuis le temps déterminé par la loi ;

4° Payer, dans un lieu quelconque du royaume, une contribution directe au moins égale à la valeur de trois journées de travail, et en représenter la quittance ;

5° N'être pas dans un état de domesticité, c'est-à-dire de serviteur à gages ;

6° Etre inscrit dans la municipalité de son domicile, au rôle des gardes nationales ;

7° Avoir prêté le serment civique.

Pour être électeur du second degré, il faut ajouter à ces conditions la jouissance d'un certain revenu, ce qui, sauf le cas où ils avaient servi pendant seize ans sans reproches, empêchait les militaires d'être nommés électeurs. Mais, bien que ne pouvant, en fait, être électeurs, ceux-ci pouvaient être élus députés, car la Constitution disposait formellement que « tous les citoyens actifs, quel que « soit leur état, profession ou contribution, pourront être « élus représentants de la Nation » (2).

Etaient seuls obligés d'opter entre leurs fonctions et leur mandat de représentant, ceux attachés à un emploi

____

(1) Loi sur l'organisation du Corps législatif, art. 11.
(2) Titre III, ch. I, sect. III, art. 3.

de la maison militaire du Roi et les commandants des gardes nationales (1).

L'Assemblée législative supprima, pour les élections à la Convention, la distinction entre les citoyens actifs et les citoyens passifs. Pour être électeur primaire, il suffisait d'être Français, âgé de vingt et un ans, domicilié depuis un an, vivant de son revenu ou du produit de son travail, et n'être pas en état de domesticité ; pour être électeur secondaire ou député, les mêmes conditions étaient exigées, mais, de plus, il fallait avoir vingt-cinq ans (2).

Quelques jours auparavant, par un décret du 5 août 1792 : « considérant qu'il est de la justice comme de l'intérêt « de l'Etat, d'environner la profession de celui qui expose « ses jours pour le maintien de la liberté de son pays de « tous les avantages que peut promettre la reconnaissance « du peuple français ; considérant que dans le système de « l'égalité politique, la plénitude des droits civiques est « le plus précieux des biens, et voulant enfin que le patrio- « tisme, que l'indigence honnête et l'habitude des vertus « sociales trouvent leur prix à chaque pas d'une carrière « utile » l'Assemblée législative avait accordé le droit de citoyen actif à tout Français qui avait fait la guerre de la liberté, soit dans les volontaires nationaux, soit dans les troupes de ligne.

La Convention, à son tour, jugea nécessaire de donner une nouvelle Constitution à la France. La Déclaration des droits de l'homme et du citoyen, qui précède l'Acte constitutionnel du 24 juin 1793, proclame que « chaque

____

(1) *Ibid.*, art. 4.
(2) Décret, 11 août 1892, art. 2 et 3.

citoyen a un droit égal de concourir à la formation de
la loi et à la nomination de ses mandataires ou de ses
agents » (1). Par application de ce principe, la Constitution accorde l'électorat et l'éligibilité à tous les citoyens
sans distinction (2). En même temps, elle déclarait l'o-
bligation du service militaire pour tous dans l'article 109 :
« Tous les Français sont soldats ; ils sont tous exercés
« au maniement des armes. »

La Constitution de 1793 fut soumise à l'acceptation
des assemblées primaires ainsi qu'à celle des armées, et
le résultat de cette consultation nationale, proclamé
dans la séance du 9 août, fut l'adoption de la Constitution à une forte majorité (3).

Bien que promulguée, la Constitution de 1793 ne fut
jamais appliquée, car, deux mois après sa promulgation,
la loi du 19 vendémiaire an II avait ajourné sa mise à
exécution jusqu'au rétablissement de la paix et, avant la
paix, la Constitution du 5 fructidor an III fut, à son tour,
promulguée et mise à exécution.

Celle-ci considère comme citoyen français tout homme
né et résidant en France qui, âgé de vingt et un ans accomplis, s'est fait inscrire sur le registre civique de son

____

(1) Art. 29. — Il faut cependant faire exception pour les domestiques
(V. Duvergier de Hauranne, t. 1, p. 303).

(2) Art. 4 et 28 de l'Acte constitutionnel.

(3) Voici un extrait du rapport fait par Gossuin à la Convention, au
nom de la commission chargée de recueillir les procès-verbaux d'acceptation de la Constitution : « Les armées de la République n'ont pas été les
dernières à se signaler ; c'est dans les camps, en face de leurs nombreux
ennemis qu'elles combattent avec valeur, qu'elles ont juré fidélité à la
Constitution et que leurs bras, pour sa défense, ne seraient jamais inac-
tifs » (*Moniteur* du 12 août).

canton, qui a demeuré, depuis, pendant une année sur le territoire de la République et qui paie une contribution directe, foncière ou personnelle.

Mais, sont dispensés de la condition de contribution, les Français qui ont fait une ou plusieurs campagnes pour l'établissement de la République (1). D'autre part, aucun Français ne peut exercer les droits de citoyen s'il n'est inscrit au rôle de la garde nationale sédentaire (2).

Les termes généraux employés par le législateur de l'an III, l'énumération limitative qu'il fait des cas où le droit de citoyen est perdu ou suspendu, avec la déclaration formelle qu'il n'existe aucun autre cas de perte ou de suspension de ce droit (3) sont une preuve que la Constitution de l'an III, comme d'ailleurs, les précédentes, n'exclut les militaires ni de l'électorat, ni de l'éligibilité.

On a, cependant, affirmé le contraire en se fondant sur la disposition de l'article 275 aux termes duquel : « la force publique est essentiellement obéissante : nul corps armé ne peut délibérer (4). »

Nous ne saurions adopter cette opinion : comme nous l'avons dit, on ne peut fonder une incapacité sur le silence de la loi dont les termes généraux comprennent tous les citoyens. Il faudrait donc que le législateur fasse mention expresse des militaires en leur refusant les droits

---

(1) Titre II, art. 8 et 9.

(2) Titre IX, art. 279.

(3) Titre I, art. 20 : « Chaque citoyen a un droit égal de concourir, immédiatement ou médiatement à la formation de la loi, à la nomination des représentants du peuple et des fonctionnaires publics. » V. titre II, art. 12, 13, 14.

(4) Georges-Denis Weil, *Les élections législatives depuis 1789*, p. 236 ; Garrigues, *Le droit de vote politique dans l'armée française*, p. 18.

politiques, pour qu'on puisse affirmer que les soldats étaient privés des droits de citoyens.

Quant à l'article 275, il n'est que la reproduction exacte, dans la Constitution de l'an III, d'une disposition qui avait déjà trouvé place dans les Constitutions de 1791 (1) et de 1793 (2) et il n'a nullement le sens qu'on veut lui donner.

On pourrait peut-être objecter que, le droit de citoyen accordé aux militaires, il n'en résultait pas qu'ils pussent l'exercer ; la Constitution de l'an III n'autorisait les ci-toyens à voter dans les assemblées primaires que s'ils remplissaient certaines conditions de domicile. Elle ren-fermait, en effet, un article ainsi conçu : « Les assem-blées primaires se composent des citoyens domiciliés dans le même canton. Le domicile requis pour voter dans ces assemblées s'acquiert par la seule résidence pendant une année, et il ne se perd que par un an d'ab-sence (3). »

Par suite, les militaires, bien qu'ayant la jouissance des droits de citoyen, n'en auraient pas eu l'exercice, à raison de l'impossibilité pour eux d'avoir un domicile remplissant les conditions exigées par la loi.

Mais c'est oublier les dispositions, favorables aux mili-taires, du décret du 6 juillet 1791, qui les autorisait à exercer les droits de citoyen actif dans le lieu de leur garnison. Ce décret ne paraît pas avoir été abrogé et, par suite, ou les militaires étaient en campagne et il ne pou-

(1) Titre IV, art. 12.
(2) Art. 114.
(3) Titre III, art. 17.

vait être question, pour eux, d'exprimer leurs suffrages dans les élections, ou ils étaient en garnison et ils participaient à la formation des assemblées primaires s'ils avaient une résidence d'un an dans le canton.

Bien plus, les déplacements nécessités par leur service ne leur faisaient pas perdre ce domicile politique, si leur absence ne dépassait pas une année.

L'intention du législateur de l'an III est d'autant plus évidente que, dans un décret du 5 fructidor, de même date, par conséquent, que la Constitution, la Convention soumet la nouvelle Constitution à l'approbation des électeurs réunis dans les assemblées primaires *et à celle des armées.*

Dans la discussion de ce décret à la Convention, un membre de l'assemblée, Desgraves, s'était élevé contre la participation de l'armée à la manifestation politique que l'on préparait.

Tout en reconnaissant, prudemment, que consulter l'armée était une idée neuve et sublime, et qu'on avait raison de compter sur le dévouement constant des défenseurs de la patrie, il ajoutait : « Mais convient-il bien d'adopter une telle mesure ? Je dois être extrêmement circonspect sur cet objet délicat. Fondant toutes mes espérances dans ses vertus, qu'elle ne s'enivre jamais de sa gloire et qu'elle soit toujours aussi soumise aux lois qu'elle est formidable à nos ennemis (1) ! »

Mais le lendemain, un membre, partisan du projet de décret, J.-B. Louvet, répondit à ces timides objections en opposant le spectacle des « vaillants soldats de la République » à celui des factieux, qui cherchaient à profiter des difficultés de l'État pour renverser le gouvernement :

(1) Séance du 2 fructidor (*Moniteur* du 7 fructidor).

« Je suis tranquille, disait-il, sur les destinées de la Constitution nouvelle ; les intrigants qui la voudrait rejeter
seront contenus dans les assemblées primaires ; et puis,
des assemblées primaires, vous en avez de plus d'une
espèce ; vous en avez qui, depuis trois ans, formées en
bataillons toujours vainqueurs, sont devenues l'effroi de
l'Anglais, de l'Autrichien et de toutes les bandes royalistes. Il eût été, en effet, trop absurde que tels ou tels
hommes, toujours insouciants sur les intérêts de la patrie, fussent appelés à voter sur les lois nouvelles et que
ceux qui, depuis si longtemps, versent leur sang pour
elles, n'eussent pas eu la faculté d'émettre leur vœu sur
le contrat social ; il sera donc offert aux armées ; les armées, aussi, voteront la Constitution nouvelle ; je suis
tranquille sur son sort (1). »

Adopté par la Convention, le projet de décret régla la
participation de l'armée au plébiscite de la manière suivante :

Les députés en mission auprès de chaque armée devaient se concerter, dans le plus court délai, avec les
généraux, pour assembler les soldats et employés à la
suite des armées et leur donner lecture de l'Acte constitutionnel. Ceux en mission auprès des armées navales
devaient en donner lecture, de la même façon, à l'armée
de mer et aux marins. Les députés fixaient, ensuite, le
jour où chaque armée devait exprimer son vœu et ils
réglaient la forme de la délibération. Ils recueillaient le
vœu des armées et le faisaient parvenir à la Convention (2).

(1) Séance du 3 fructidor (*Moniteur* du 9 fructidor).
(2) Titre II, art. 11 à 14 (*Les constitut. de la France*, Faustin-Hélie,

Les soldats devaient donc voter avec l'armée dont ils faisaient partie. Mais un certain nombre de militaires qui n'avaient pas rejoint leur corps, comme ils l'auraient dû et qui se trouvaient à Paris, se présentèrent à la barre de la Convention et demandèrent à être admis à émettre leur vote sur la Constitution dans les assemblées primaires des sections de leur résidence. Leur pétition fut renvoyée à la Commission compétente.

Celle-ci, au rapport de Berlier, repoussa leur demande, mais proposa de les autoriser, cependant, à voter sur la Constitution. A cet effet, il leur fut prescrit par le décret du 22 fructidor an III qui adopta les conclusious de la Commission, de se présenter devant un commissaire des guerres désigné par le Comité de Salut public, à l'effet de faire constater leur qualité. Cette vérification faite, ils devaient se réunir, sans armes, dans une des salles des Invalides où ils se formeraient en assemblée primaire. Ils seraient réputés faire partie de l'armée de l'intérieur, voteraient suivant le mode prescrit à l'égard des militaires et un procès-verbal des opérations serait dressé en la forme prescrite.

La participation de l'armée à la consultation nationale avait donc été minutieusement réglée. Les militaires, dont le patriotisme n'était pas suspect, adoptèrent avec enthousiasme la Constitution nouvelle, et dans les séances du 20 fructidor et jours suivants, la Convention reçut les rapports des représentants en mission transmettant les procès-verbaux de vote des armées (1).

p. 488. Sur les moyens de terminer la Révolution. Loi du 5 fructidor, an III).

(1) Voy. *Moniteur* des 24 et 25 fructidor. — La Convention, en jetant

La Constitution fut adoptée à une grande majorité : sur 958.226 votants, dont 18.326 appartenant aux armées, 914.853 se prononcèrent pour son acceptation et 41.892 pour son rejet. Les procès-verbaux des armées ne donnent pas le nombre des votants, mais cela a fort peu d'importance, étant donné le mode de votation adopté qui empêchait tout soldat hostile à la Constitution, d'exprimer librement son suffrage.

l'armée dans la politique, lui rendit un mauvais service, car certains corps exprimèrent leurs suffrages avec une grande indépendance et allèrent même jusqu'à menacer l'Assemblée.

Voici, à titre d'exemple, un extrait du discours prononcé à la barre de la Convention, par un membre de la députation des trois divisions des armées du Nord et de Sambre-et-Meuse : « L'acceptation de la Constitution que vous avez présentée à la Nation française a été prononcée, dans nos divisions, après deux jours de discussions fraternelles entre nous. Le vœu que nous vous apportons est celui de la liberté que nous avons su défendre et dont vous nous avez assuré la jouissance. Nous n'avons point, comme en 1791, juré de maintenir une Constitution qu'on ne nous avait pas permis d'examiner ; nous n'avons point, comme en 1793, au milieu des bastilles, des échafauds et des tentatives de la corruption de l'or, adopté un système monstrueux de lois anarchiques. Au moment où, par vos ordres, votre projet de Constitution nous a été présenté, le niveau sacré de l'égalité politique a été promené par la loi sur nos têtes : le caractère de représentant et de général a disparu devant le titre glorieux de citoyen. Tous appelés à prononcer sur le sort commun de vingt-cinq millions d'hommes, les défenseurs de la patrie, dans les hospices militaires, dans les salles de discipline, ont été consultés et ont émis leur vœu ; et ce vœu n'est point celui de l'enthousiasme ni de l'impatience d'un gouvernement si longtemps attendu : chacun de nous a, individuellement, scellé de sa main ce qu'il avait scellé de son sang depuis cinq campagnes...

Pénétrés, cependant, du besoin d'union et de fraternité dans toutes les parties de la République, nous invitons nos frères de Paris à se rallier, avec nous, au besoin de la paix intérieure, en les assurant que nous sommes, à notre tour, fatigués de l'influence anarchique qu'ils exercent sur le Corps législatif depuis trois ans ; et qu'il nous soit permis de leur prédire, sans aigreur, qu'au premier abus qu'ils tenteraient de leur force sur le Corps législatif, *une insurrection mieux combinée et plus impérieuse que celle du Calvados sera dirigée contre eux par les soldats de la liberté* » (Séance du 21 fructidor, *Moniteur* du 24).

Après avoir étudié dans quelle mesure les assemblées de la Révolution ont voulu faire participer les soldats aux affaires publiques, nous allons rechercher comment furent composées les armées de cette époque.

En 1789, lors de la réunion des Etats Généraux, l'armée royale comprenait 170.000 hommes : 125.000 pour l'infanterie, 35.000 pour la cavalerie, 8 à 9.000 pour l'artillerie et cette armée de ligne était renforcée d'une armée de réserve de 80.000 hommes, composée des milices provinciales (1).

L'armée se recrutait, alors, par enrôlement. Cependant, dès que l'Assemblée Constituante s'occupa de l'organisation de l'armée, un de ses membres, Dubois-Crancé, protesta contre ce mode de recrutement et, dans la séance du 12 décembre 1789, il prononça ces paroles mémorables : « *J'établis, par axiôme, qu'en France, tout citoyen doit être soldat et tout soldat citoyen*, ou nous n'aurons jamais de Constitution (2). »

L'Assemblée était encore trop attachée aux anciennes institutions pour accepter une réforme aussi grave, et le décret du 16 décembre 1789 admit encore l'enrôlement volontaire à prix d'argent comme base de recrutement des troupes. Le décret des 9-25 mars 1791 admit encore les mêmes principes : il fixa la durée des engagements à huit ans et celle des rengagements à deux et quatre ans au plus. On pouvait servir de seize à quarante ans en temps de paix ; en temps de guerre, la limite d'âge était reculée à quarante-cinq ans.

---

(1) Béquet, *Répert. du droit administratif*, vᵒ *Armée*, nᵒ 3 ; V. A. Duruy, *L'armée royale en 1789*.

(2) V. sur la question de recrutement de l'armée. telle qu'elle s'est posée devant l'Assemblée Constituante, Th. Iung, *L'armée et la Révolution* ; Dubois-Crancé, t. I, p. 13-43.

Les soldats à qui, nous l'avons vu, on avait accordé les droits politiques, n'avaient pas encore un lien intime avec la nation, car la carrière militaire était restée une profession pour les soldats comme pour les officiers. Mais le système des enrôlements volontaires avait de graves inconvénients : il ne répondait pas aux nécessités de la défense du territoire, car on n'était jamais certain que le contingent atteindrait le chiffre nécessaire aux besoins du pays, et, d'autre part, une armée ainsi recrutée était une lourde charge pour le Trésor.

Aussi dut-on, bientôt, avoir recours à d'autres moyens pour faire face aux redoutables coalitions qui menaçaient la France. Le décret des 17-22 juillet 1792 avait ordonné une levée de 50.000 hommes à répartir entre tous les départements et, le 22 juillet, l'Assemblée avait déclaré « la patrie en danger ». Le 24 février 1793, une nouvelle levée de 300.000 hommes fut décrétée et l'on fit appel aux citoyens âgés de dix-huit à quarante-cinq ans.

Le 30 mai suivant, la limite d'âge était portée de seize à quarante-cinq ans. Enfin, le 23 août 1793, la Convention décrétait la levée en masse de tous les hommes valides : « Dès ce moment, jusqu'à celui où les ennemis auront été chassés du territoire de la République, tous les Français sont en réquisition permanente pour le service des armées (1). » Cette levée produisit un effectif de 425.000 hommes.

Ces soldats improvisés, animés d'un ardent amour de la patrie, étaient vibrants d'enthousiasme, mais ils manquaient d'éducation militaire et de la principale qualité du soldat : la discipline.

(1) V. le rapport de Barrère, suivi du décret sur la réquisition des forces nationales (*Moniteur* du 25 août).

Les volontaires et les réquisitionnés n'auraient donc pas rendu les services qu'on en attendait, si l'on n'avait eu recours à une mesure ingénieuse, préconisée par Dubois-Crancé, et qu'on appelait l'*amalgame*. Dès le 7 février 1793, il avait, dans un remarquable discours, émis cette opinion à la tribune de la Convention, qu'il fallait « nationaliser » l'armée en la soumettant au même régime.....

Sa proposition fut adoptée le 23 février, et l'on composa des demi-brigades, en associant deux bataillons de conscrits à un bataillon de vieilles troupes. L'armée atteignit ainsi, au début de 1794, un effectif de plus de 850.000 hommes (1).

C'était donc bien l'application de la formule de Dubois-Crancé lui-même : « tout citoyen était soldat et tout soldat citoyen », formule qui convenait bien à un État démocratique.

SECTION II. — **Directoire. — Consulat et Empire.**

Le fonctionnement de la Constitution de l'an III donna lieu à certaines mesures législatives prises à l'égard des militaires. En l'an V, en effet, on s'inquiéta des conséquences du vote de ceux-ci et une loi du 18 ventôse, contenant des instructions sur la tenue des assemblées primaires et communales, portait dans ses observations générales : « On a élevé la question de savoir si les militaires sans congé ont le droit de vote dans les assemblées primaires et communales. Il est clair qu'ils font partie

____

(1) Th. Iung, *L'armée de la Révolution*; Dubois-Crancé, t. I, p. 295 et s. ; Lavisse et Rambaud, *Histoire générale*, t. 8, p. 269.

d'un corps armé. D'où suit qu'ils n'ont pas droit de voter dans les assemblées primaires et communales. » On déclara donc que la résidence, requise par l'article 17 de la Constitution pour voter aux assemblées primaires d'un canton, ne se perdait point par le simple séjour hors de ce canton, quelle qu'ait été la durée de ce séjour, s'il n'avait été occasionné que par l'exercice de fonctions publiques, par le service militaire, ou par force majeure. Mais, réciproquement, *cette résidence ne pouvait s'acquérir par un pareil séjour, s'il n'avait eu que la même cause.*

En conséquence, les fonctionnaires publics et militaires, rentrés à leur domicile par congé ou par la cessation de leurs fonctions, étaient admis aux assemblées primaires et communales des cantons d'où ils ne s'étaient éloignés que pour le service public, bien que leur éloignement ait duré plus d'une année.

Une loi du 25 ventôse, de la même année, qui avait pour objet d'interpréter celle du 18 ventôse, était ainsi conçue : « Tout individu attaché au service des armées de terre et de mer, ne faisant partie d'aucun corps armé, soit en garnison dans le lieu, soit en rade, ayant d'ailleurs les qualités requises, peut voter dans les assemblées primaires et communales des cantons où il exerce ses fonctions, s'il y avait précédemment son domicile ou s'il l'y avait transféré depuis au moins un an par son inscription sur le registre civique de l'administration municipale. »

La conséquence de ces dispositions était donc de retirer aux militaires le droit de suffrage. La loi du 18 ventôse an V, les privait expressément du bénéfice du décret du 6 juillet 1791, en déclarant que le séjour dans un canton, lorsqu'il avait pour cause le service militaire, ne pouvait jamais faire acquérir le domicile politique.

Le Directoire ne fut qu'une longue lutte entre le corps législatif et le pouvoir exécutif et l'on avait essayé de mêler l'armée aux querelles des partis. Les lois de ventôse an V, qui avaient pour but de la soustraire aux influences politiques, pouvaient donc paraître empreintes de sagesse si elles avaient réalisé le but poursuivi.

Il n'en fut rien. Les élections de l'an V ayant envoyé aux assemblées une majorité de royalistes, ceux-ci s'agitèrent et, sous la direction de deux généraux députés, Pichegru et Willot, firent au gouvernement une opposition acharnée. Le Directoire chercha un appui dans l'armée ; appelées, par son ordre, à délibérer, les armées du Rhin et Moselle, de Sambre-et-Meuse, d'Italie, lui envoyèrent des adresses très énergiques par lesquelles elles l'invitaient à détruire les ennemis de la République.

Fort de cet appui qu'il avait recherché, le Directoire demanda secrètement des troupes à Paris et, dans la nuit du 17 fructidor, il fit arrêter les principaux opposants. C'était un exemple que Bonaparte devait suivre bientôt.

L'organisation de l'armée reçut, l'année suivante, une modification profonde : la loi du 19 fructidor an VI, organisa la conscription.

Après avoir proclamé dans son article 1er que « tout Français est soldat et se doit à la défense de sa patrie », cette loi déclare que l'armée se forme par enrôlement volontaire et par la voie de la conscription militaire.

La conscription comprend tous les Français depuis l'âge de vingt ans accomplis jusqu'à celui de vingt-cinq ans révolus. Ils sont répartis en cinq classes appelées l'une après l'autre et un congé absolu est délivré aux conscrits de la cinquième classe, après leur service. En cas de danger pour la patrie, l'État peut décréter la levée en masse et tous les citoyens sont appelés sans que ceux qui ont obtenu un congé absolu soient dispensés de répondre à l'appel.

Et, pour établir une étroite corrélation entre le devoir civique et le devoir militaire, la loi du 19 fructidor an VI renfermait un article 54 ainsi conçu :

« A compter du 1ᵉʳ nivôse an VII, nul Français ayant été ou étant sujet à la conscription ne sera admis à l'exercice des droits de citoyen dans aucune assemblée politique, ni à aucune fonction publique, ni à aucun service salarié des deniers de la République s'il ne rapporte : 1° un extrait authentique de sa conscription ; 2° un certificat des administrations municipale et centrale du département de son domicile, constatant qu'il n'a pas été appelé pour être mis en activité de service aux armées de terre, conformément à la présente loi, ou un certificat du conseil d'administration de son corps, qui prouve qu'il est en activité de service, ou en congé absolu en bonne forme, ou une dispense légale de service. »

Ainsi, d'après cet article, il fallait, pour pouvoir exercer ses droits de citoyen, que tout Français susceptible d'avoir été soumis à la circonscription, prouvât qu'il avait effectivement rempli ses obligations militaires ou qu'il en avait été légalement dispensé. L'article 23 de la même loi complétait ces dispositions en refusant aux conscrits en activité de service l'exercice des droits politiques : « Les défenseurs conscrits attachés à un corps, *mais non en activité de service* continuent à exercer leurs droits politiques de citoyen. »

Quelques jours plus tard, la loi du 23 fructidor rappela à l'armée tous les Français qui avaient été réquisitionnés en vertu des appels antérieurs, et son article 8 refusait, comme l'article 51 de la loi du 19 fructidor, les droits politiques aux réquisitionnaires qui ne pourraient justifier par des certificats délivrés par les autorités compétentes, qu'ils s'étaient soumis aux obligations de la loi ou qu'ils en avaient été exemptés.

La loi Jourdan, du 19 fructidor an VI, avait mis, au premier rang des modes de recrutement de l'armée, l'enrôlement volontaire et, au second rang seulement, la conscription.

L'introduction de ce système nouveau était une véritable révolution dans le recrutement militaire. La conscription semblait fort équitable, en faisant peser, également sur tous les Français, la charge du service militaire. Mais ce n'était qu'une égalité d'apparence : la loi avait multiplié les causes de dispense et, en fait, c'était encore sur les classes les plus pauvres de la population que retombait tout le fardeau de cet impôt.

Quoi qu'il en soit, et si imparfait que soit encore le système de la loi de l'an VI, c'est déjà une amélioration notable à la situation antérieure : on était loin des armées royales composées de malheureux racolés et tirés, non seulement des milieux les plus humbles, mais encore, trop souvent, de la lie du peuple (1), ou de ces armées révolutionnaires qui, par leur composition hétérogène, n'avaient pu survivre aux circonstances spéciales qui les avaient fait naître.

Le principe de la conscription avait donc l'avantage de

(1) Taine, *Les origines de la France contemporaine* ; *l'ancien Régime,* t. I, p. 511 et s.

répondre aux nécessités de la défense nationale à ce point qu'on en fait, depuis, la base du recrutement des armées modernes.

La loi de l'an VI reçut, sous le Directoire, une application régulière et, par suite, fut bien accueillie par la nation. Mais, sous l'Empire, elle reçut des modifications : en 1800 Napoléon introduisit le remplacement et, en 1804, le tirage au sort.

Plus tard il en abusa pour tirer, de la nation, toutes ses forces vives, afin de satisfaire les exigences de son ambition qui croissait en raison directe de son génie stratégique.

Levées anticipées, rappel sous les drapeaux des classes libérées, enrôlement forcé de ceux qui, ayant payé un remplaçant, croyaient ne plus rien devoir à l'Etat, Napoléon mit en œuvre tous les moyens pour combler les vides que des guerres illustres, mais meurtrières, faisaient dans ses armées.

D'après des rapports officiels, 1.750.000 Français payèrent de leur vie la gloire d'avoir servi dans ces armées immortelles (1).

La rigueur de ces procédés, qui semblaient arbitraires, rendit la conscription impopulaire et, dans la Charte de 1814, le principe de son abolition fut inscrit (2).

Après le 18 brumaire, la Constitution de l'an III avait vécu. Celle de l'an VIII qui la remplaça, régla le droit électoral suivant un mécanisme savamment combiné et

____

(1) V. Dussieux, *L'armée en France*, t. III, passim ; Lavisse et Rambaud, *Histoire générale*, t. IX, p. 74.

(2) Art. 12 : « La conscription est abolie. Le mode de recrutement de l'armée de terre et de mer est déterminé par une loi. »

élaboré pour conserver les apparences du suffrage universel, tout en le supprimant.

L'élection est à plusieurs degrés, mais les collèges électoraux n'ont plus qu'un droit de présentation et encore, entouré de combien de restrictions ! C'est le Sénat qui nomme les députés au Corps législatif sur les listes de candidats présentés par les électeurs et, lui-même, étant le serviteur complaisant du gouvernement, c'est dire la part prise par la nation dans le choix de ses représentants.

Dans une semblable Constitution où le nombre des électeurs est réduit au strict minimum, il n'était pas question d'accorder de droits politiques aux militaires. Cependant, pour suivre un usage établi depuis la proclamation de la République, la Constitution fut soumise à l'acceptation de la nation et l'armée fut admise à exprimer ses suffrages.

Sur 3.012.579 votants, la Constitution fut acceptée par 3.011.007 électeurs et repoussée par 1562. Ajoutons qu'aux termes de la loi du 23 frimaire, on avait déposé pour chaque commune, dans un lieu public, deux registres, l'un destiné à recevoir les acceptations, l'autre les non-acceptations,, et que ces registres devaient être adressés, après le vote, au ministre de l'Intérieur.

Lorsqu'après la paix d'Amiens, Bonaparte se fit décerner le Consulat à vie, la nation fut encore consultée, ainsi que l'armée, et le plébiscite eut lieu, comme le précédent, à registre ouvert. L'acceptation fut votée par plus de 3.500.000 électeurs, mais, parmi les 8.374 citoyens qui se prononcèrent contre cette extension des pouvoirs du Premier Consul, la plupart des votes négatifs furent donnés dans l'armée

A Ajaccio, sur les 300 suffrages de la garnison, il y eut 66 *non* et, dans une compagnie de 50 hommes, il rencontra 38 opposants (1).

On peut passer rapidement sur les modifications de la Constitution qui aboutirent, par d'habiles transformations, à la proclamation de l'Empire, en 1804. La Constitution du 16 thermidor an X qui, à part quelques modifications, resta en vigueur pendant toute la durée du gouvernement impérial, ne laissa aux assemblées électorales qu'un droit de présentation.

Tous les citoyens domiciliés dans le canton et qui y sont inscrits sur la liste communale d'arrondissement, composent l'assemblée du canton. Celle-ci nomme les membres du collège électoral d'arrondissement, sans qu'aucune condition de cens soit exigée de ces élus, et les membres du collège électoral de département, en les choisissant parmi les plus imposés. Les collèges électoraux d'arrondissement et de département présentent les députés à nommer au Corps législatif ; celui de département, les candidats au Sénat.

Ce système était loin d'être libéral. Les citoyens, suivant l'exemple qu'avait déjà donné le Corps électoral sous le Directoire, paraissaient se désintéresser complètement de l'exercice de leurs droits politiques. C'est ainsi que, grâce à des abstentions nombreuses, en 1812, dans le département de l'Aisne, il suffit de dix suffrages pour faire admettre sur la liste un candidat qui fut nommé par le Sénat. Ces abstentions n'étaient pas pour déplaire à

(1) Weil, cité plus haut.

Napoléon, en lui laissant encore plus de liberté pour l'administration des affaires publiques (1).

Dans cette organisation compliquée et qui, en fait, mettait aux mains du gouvernement le choix des membres des deux Chambres, il n'était pas question du vote des militaires.

Mais quel rôle honorable aurait pu jouer l'armée si on l'avait fait participer aux élections dans ces conditions ? Serviteurs fidèles du gouvernement, les soldats n'auraient pu que montrer aux yeux des moins clairvoyants quelle comédie politique se jouait en votant pour les candidats qu'il proposait. En votant pour d'autres, ils eussent commis un acte d'indiscipline dont on leur aurait tenu rigueur. L'Empereur leur avait, heureusement, réservé un rôle plus noble et, pendant dix ans, ces guerriers incomparables tracèrent avec leur épée, les pages glorieuses de l'inoubliable épopée.

Si Napoléon, qui aimait l'obéissance passive, surtout chez ses soldats, tint l'armée à l'écart de la politique, il voulut, cependant, lorsqu'il établit l'Empire, accorder un certain rôle à ses plus fidèles serviteurs, dans les charges et les dignités impériales.

Par le sénatus-consulte du 28 floréal an XII, il fut institué des grands dignitaires de l'Empire, nommés par l'Empereur, qui formaient le grand Conseil et le Conseil de la Légion d'Honneur, étaient sénateurs et conseillers d'État.

Parmi ces grandes dignités, au nombre de six, deux fu-

______

(1) V. à ce sujet Weil, *Les élections au Corps législatif sous le Consulat et le premier Empire*, journal *Le Droit*, des 6-9 juin 1889 ; du même auteur, *Les élections législatives depuis 1789*, p. 55.

rent exclusivement militaires, celles de *connétable* et de grand amiral (1).

A côté de ces grands dignitaires, on créa les *grands officiers de l'Empire*, comprenant des grands officiers militaires, les Maréchaux de l'Empire (au nombre de seize) et huit inspecteurs et colonels généraux, et des grands officiers civils de la couronne qui furent pris, en partie, parmi les généraux.

C'est ainsi qu'à la Cour, comme dans les camps, Napoléon avait réservé la première place à ses lieutenants.

SECTION III. — Restauration et Monarchie de Juillet.

Après la chute de Napoléon, Louis XVIII voulut revenir (dans la mesure du possible) aux traditions de l'ancienne monarchie.

La Charte qu'il déclara octroyer à ses sujets, le 4 janvier 1814, créait une Chambre des Pairs dont les membres étaient nommés par le Roi et une Chambre des députés élus par un suffrage à deux degrés.

Le recrutement de la Chambre des députés fut modifié par la loi du 5 février 1817, qui déclarait électeur tout Français, âgé de trente ans et payant 300 francs de contributions directes. A cette condition, tout citoyen était électeur dans le lieu de son domicile politique, c'est-à-dire dans le département où il avait un domicile réel.

Aucune restriction n'étant faite au sujet des militaires, ceux-ci, s'ils réunissaient les conditions d'âge, de cens

____

(1) Voy. sur les fonctions de ces grands dignitaires, S.-C. du 28 floréal an XII, art. 43 et 44.

et de domicile requises par la loi, avaient l'exercice de leurs droits politiques. Et, à ce sujet, la note suivante, insérée dans le *Moniteur*, indique bien que le gouvernement de la Restauration le jugeait ainsi : « Nous sommes informés que le Ministre de l'Intérieur, considérant que les choix confiés aux électeurs doivent être le résultat des votes des notables de la nation, sans distinction de classe et de fonctions, a décidé qu'aucun uniforme de la garde nationale ou de l'armée, ne pourra être porté dans les réunions électorales. (1) » Mais il faut ajouter que, depuis longtemps, la pratique de laisser voter les militaires faisant partie d'un corps armé avait été abandonnée : aussi croyons-nous que, sous l'empire de la loi de 1817, pouvaient seuls voter les militaires ne faisant partie d'aucun corps armé, et, encore, à la condition de n'être pas en uniforme.

C'est ce qui fut rappelé par le président d'un bureau électoral au maréchal Lefebvre et au général Caffarelli qui s'étaient présentés, au lieu de vote, en uniforme.

Le suffrage était direct et, pour être éligible, il fallait avoir quarante ans et posséder un revenu de 1.000 francs. Les militaires n'étaient pas, non plus, inéligibles : c'est ce qui résulte, en effet, de l'article 17 de la loi de 1817 qui, en déclarant que les officiers généraux commandant les divisions militaires et les départements, ne peuvent être élus dans les départements où ils exercent leurs fonctions, permettait aux militaires d'être élus, lorsqu'ils ne rentraient pas dans cette catégorie.

Sur un peuple de 29.000.000 d'habitants, 100.000 citoyens étaient électeurs et 18.000 seulement éligibles : tels étaient les effets de la loi de 1817.

(1) *Moniteur* du 22 septembre 1817.

La loi du *double vote*, promulguée, au moins de juin 1820, détruisait l'égalité entre tous les électeurs, en faisant voter deux fois, les représentants de la grande propriété, dans les collèges d'arrondissements et dans les collèges de départements. Les électeurs qui étaient 100.000 en 1817, n'étaient plus que 88.000 en 1829. Quant aux éligibles, ils avaient diminué dans la même proportion : en 1820, on en comptait 18.000 et, en 1828, ils n'étaient plus que 14.000.

Comme, d'autre part, les fonctions de député avaient été déclarées gratuites, ces fonctions ne pouvaient être briguées que par un petit nombre de citoyens ayant de la fortune et des loisirs.

Si l'on ajoute, à cela, la pression éhontée faite par le gouvernement pour obtenir l'élection de ses candidats, on comprend, facilement, la répugnance que devaient éprouver les militaires pour l'exercice de leurs droits politiques, quand ils se trouvaient réunir les conditions requises pour être électeurs.

A titre d'exemple, nous citerons la circulaire adressée le 27 mai 1830, aux généraux, par M. de Polignac, qui faisait l'intérim du ministère de la guerre : « .....Déjà plusieurs fois, vous avez fait entendre aux militaires appelés à prendre part aux élections, la nature et l'étendue des devoirs qui tiennent à leurs fonctions, et ce qu'aurait d'incompatible avec ces fonctions une conduite qui contrarierait la direction que Sa Majesté a jugé le plus convenable... à la situation présente du royaume. Il n'est aucun d'eux qui ne doive comprendre que s'ils sont libres de leur suffrage, ils ont aussi des obligations inséparables de leur position ; qu'on ne peut servir, à la fois, le Gouvernement du roi et l'opposition, et que la loyauté, autant que le devoir, exige l'option entre l'un et l'autre. Vous aurez, aujourd'hui, à appuyer de vos instructions et de votre exemple les mêmes doctrines, et à employer, pour les faire prévaloir, les moyens légitimes que la confiance de Sa Majesté a mis à votre disposition..... Je vous invite à vous entendre avec MM. les Préfets qui sont spécialement chargés de donner aux opérations électorales la direction et l'ensemble qui doivent en assurer le résultat (1). »

Des instructions semblables déshonorent ceux qui les donnent, et ne peuvent qu'attrister ceux qui les reçoivent. Comme le disait M. Bérenger, rapporteur à la Chambre des députés, dans le procès des Ministres, on ne peut éprouver qu'un sentiment de « dégoût profond » quand on en a connaissance. Et, cependant, les derniers ministres de Charles X ne faisaient que suivre l'exemple que leur avaient donné leurs prédécesseurs (2).

(1) Weil, p. 116.

(2) A l'occasion des élections de 1824, le baron de Damas, ministre de la guerre, adressait aux militaires une circulaire qui se terminait ainsi : «..... Je vous prie, si votre intention est, comme j'ai tout lieu de le croire, « de vous rallier à ceux qui voteront pour les honorables candidats pré- « sentés par le Gouvernement, de me mander que vous en prenez l'en- « gagement. Je ne vous dissimulerai pas que tout autre vote, même en « faveur d'un candidat connu par son attachement au gouvernement du « Roi, ne pourrait être considéré que comme hostile, puisqu'il tendrait à « troubler l'unanimité et l'harmonie qu'il est à désirer de voir régner « parmi les électeurs. » Aussi le maréchal de camp, Avizard, adressait-il, à son tour, les observations suivantes aux officiers sous ses ordres : « J'aime « à croire que vous ne voterez qu'en militaires franchement dévoués à « Sa Majesté. S'il en était autrement, ce que je ne puis penser, je suis « autorisé à vous déclarer que vous devriez renoncer au service mili- « taire...... Car la perte de votre emploi serait le résultat inévitable d'une « conduite déloyale, en cette circonstance. Mais le bon esprit des officiers « dans le Finistère, ne me permet pas de douter qu'aucun d'eux s'expose « au juste mécontentement dont le Gouvernement lui ferait éprouver les

Les mesures de rigueur dont on menaçait les militaires coupables de trop d'indépendance, n'étaient pas seulement un moyen d'intimidation : les ministres n'hésitaient pas à les mettre à exécution. C'est ainsi que, le 6 janvier 1830, une ordonnance rayait des contrôles de la garde royale, le colonel comte de Sesmaisons, chef d'État Major, pair de France, à l'occasion d'une lettre qu'il avait publiée et dans laquelle il déclarait ne pouvoir voter pour M. Dudon, candidat ministériel et président du collège électoral de Nantes.

Telles étaient les mœurs politiques à l'époque des événements qui amenèrent la Révolution de Juillet.

La loi du 19 avril 1831, qui modifia les conditions de capacité électorale, était encore basée sur le cens.

Pour être électeur, il fallait être âgé de vingt-cinq ans accomplis, payer deux cents francs de contributions directes, et avoir son domicile politique dans l'arrondissement électoral où l'on avait son domicile réel. Au cas, où un électeur voulait séparer son domicile politique de son domicile réel, il devait en faire la déclaration et payer des contributions dans le lieu de son nouveau domicile politique. Aucun individu appelé à des fonctions publiques, temporaires ou révocables, n'était dispensé de cette formalité (1).

La loi reconnaissait, en outre, comme électeurs, en réduisant pour eux le cens à 100 francs, les membres et correspondants de l'Institut et les officiers des armées de terre et de mer, jouissant d'une pension de retraite de

« effets, s'il n'agissait d'après ses serments » (*Courrier français* du **12** février 1824).
  (1) Art. 1 et 10.

1200 francs au moins, et justifiant d'un domicile réel de trois ans dans l'arrondissement électoral. Le traitement qu'ils pouvaient recevoir comme membres de la Légion d'honneur était compté, s'il était nécessaire, aux officiers en retraite, pour compléter les douze cents francs exigés par la loi (1).

Quant aux conditions d'éligibilité, elles étaient les suivantes : il fallait avoir 30 ans accomplis, au jour de l'élection et payer 500 francs de contributions directes.

La loi prévoyait certaines incompatibilités relatives, au nombre desquelles était l'impossibilité, pour les officiers généraux commandant les divisions ou subdivisions militaires, d'être élus par le collège électoral d'un arrondissement compris en tout ou en partie dans le ressort de leurs fonctions (2).

D'autre part, une loi du 12 septembre 1830, considérait tout député qui acceptait des fonctions publiques salariées, comme donnant sa démission, mais faisait exception pour les officiers de terre et de mer qui recevaient de l'avancement par droit d'ancienneté (3).

La Chambre des députés, seule juge de l'élection de ses membres, eut, à plusieurs reprises, l'occasion d'appliquer cette dernière disposition. Elle décida, notamment, qu'il n'y avait pas lieu de soumettre à la réélection un commissaire de la marine appelé à faire partie du Conseil d'Amirauté, parce que cette nomination ne lui donnait qu'un emploi de son grade et non un grade nouveau (4). De même, le général Jacqueminot, commandant général

(1) Art. 3.
(2) Art. 59 et 64.
(3) Art. 1 et 3.
(4) Ch. des députés, 10 mars 1845, élection Lacoudrais.

des gardes nationales de la Seine, étant arrivé à l'expiration de ses fonctions et ayant été confirmé dans son commandement, elle refusa de le soumettre à la réélection, parce qu'il ne s'agissait pas, dans l'espèce, d'une fonction nouvelle (1).

La Chambre des pairs dont la Charte de 1830 avait laissé la nomination au roi, reçut une modification dans son recrutement par la loi du 29 décembre 1831. La nomination de ses membres appartenait toujours au roi ; mais celui-ci ne pouvait les choisir que parmi certaines notabilités qu'elle énumérait, et au nombre desquelles se trouvaient les maréchaux et amiraux de France, et les lieutenants généraux et vice-amiraux après deux ans de grade.

Sous la Restauration et le Gouvernement de Juillet, l'armée fut tenue à l'écart de la politique. Sa composition n'avait, d'ailleurs, pas été beaucoup modifiée : une loi du 10 mars 1818, avait toujours conservé, comme base de son recrutement, l'enrôlement volontaire, en y ajoutant, en cas d'insuffisance, un contingent levé par voie de tirage au sort. Mais ce recrutement ne répondant plus aux nécessités de la situation, l'appel fut mis au premier rang et l'engagement volontaire au second.

Si les soldats étaient privés de l'exercice des droits politiques, par les conditions de cens exigées des électeurs, il n'en était pas de même des officiers, lorsqu'ils remplissaient les conditions requises. Et c'était même, souvent, pour le gouvernement, un élément particulièrement dangereux. Les uns, mis en demi-solde, après la Restauration, supportaient, avec impatience, le gouver-

_____

(1) Ch. des députés, 13 juin 1843, élection Jacquemin ot.

nement qui les suspectait et qui avait brisé leur carrière ; les autres, restés en activité, n'étaient pas moins mécontents, soit qu'ils regrettassent l'Empire par conviction politique, ou par amour de la gloire, soit qu'ils vissent, avec indignation, leur avancement compromis par la réintégration des émigrés dans leurs grades. Aussi, pendant les premières années du règne de Louis XVIII, les complots militaires furent-ils nombreux.

A cela, s'ajoutaient les progrès faits dans l'armée par une société secrète, la Charbonnerie, dont la propagande atteignait jusqu'aux soldats. Le général du Barail cite, dans ses *Souvenirs*, le cas d'un officier qui faisait, lui-même, de la propagande radicale à ses soldats en leur lisant des journaux révolutionnaires. Il fut, pour cette conduite, mis en non-activité par retrait d'emploi (1). Mais ce fait n'était pas isolé et, plus on approche de la Révolution de 1848, plus on voit l'armée elle-même, travaillée par l'esprit politique, si néfaste à sa haute et silencieuse mission.

(1) T. I, p. 379.

CHAPITRE III

RÉPUBLIQUE DE 1848.

Après avoir subi dans nos lois électorales une longue éclipse, le principe de la concession la plus large du droit de suffrage aux soldats reparut avec la seconde République. Les hommes de 1848, plus audacieux que ceux de la Révolution, instituèrent le suffrage universel, c'est-à-dire le suffrage accordé à tous les citoyens parvenus à l'âge où la loi les jugeait capables de prendre part aux affaires de la nation, sans condition de cens. Il n'était plus nécessaire, par conséquent, comme on l'avait fait pendant la Révolution, de créer des exceptions en faveur des soldats pour leur accorder la jouissance et l'exercice des droits politiques. Dès qu'ils étaient parvenus à l'âge de citoyens, ils étaient, de droit, électeurs. Mais ce principe reçut des applications différentes pendant la durée du gouvernement républicain. Le vote des militaires fut, successivement, réglementé par les décrets du 5 mars et du 28 octobre 1848 et par les lois du 15 mars 1849 et du 31 mai 1850, dont nous allons exposer le fonctionnement.

SECTION I. — Décrets du 5 mars et du 28 octobre 1848.

En 1848, à propos de l'affaire des banquets, le ministère Guizot put redouter, non une révolution, mais une émeute qu'il décida de réprimer. Le général Tiburce Sébastiani, commandant la 1re division militaire, convoqua les généraux et les colonels de l'armée de Paris à l'Etat-Major de la division, et leur fit connaître les ordres du gouvernement avec les instructions nécessaires, en vue d'une bataille dans Paris. A ce sujet, le général Sébastiani leur dit « qu'il ne leur demandait pas de renseignements sur « l'esprit de l'armée ; que l'armée, comme la femme de « César, ne pouvait pas même être soupçonnée (1). »

Cette observation fut très froidement accueillie par les officiers. Le gouvernement, avec un peu de clairvoyance, aurait pu facilement se rendre compte que l'armée n'accepterait pas, avec enthousiasme, la mission qu'on voulait lui confier. Le Roi ne devait pas s'attendre à trouver de bien ardents défenseurs parmi les officiers ou les soldats.

Dès que la République fut proclamée, la plupart des chefs de l'armée donnèrent leur adhésion au nouveau gouvernement et, parmi ceux-ci (fait digne de remarque), le maréchal Bugeaud, celui-là même que Louis-Philippe avait chargé, quelques jours auparavant, de réprimer l'émeute. Quelques généraux, comme Castellane, consultèrent leurs troupes et leur demandèrent si elles reconnaissaient la République (2).

(1) Garnier-Pagès, *Hist. de la Révolution de 1848*, t. I, p. 218.

(2) Le général Castellane, commandant la 14e division militaire, disait à la garnison de Rouen :

« Officiers et soldats,

« Vous êtes déliés de votre serment envers le gouvernement déchu ! Un gouvernement provisoire a été établi, la République est un fait accompli !

« Groupons-nous autour du gouvernement provisoire, dans l'intérêt de l'ordre public et de l'indépendance nationale.

« J'adhère, en mon nom, au gouvernement provisoire de la République !

Un des premiers actes du gouvernement provisoire fut de convoquer les électeurs chargés de nommer l'Assemblée souveraine qui aurait à donner une Constitution à la France. — Le gouvernement admit le principe du suffrage universel, ce qui avait pour conséquence de conférer les droits politiques à « tous ceux qui portent, dans leur titre d'homme, les droits de citoyen », comme Lamartine l'avait dit à la Chambre, le 24 février.

Il en résultait que, par cette mesure, le corps des électeurs passait de 250.000 à plus de 9.000.000 d'individus.

Les électeurs furent convoqués, par un décret du 5 mars, qui accordait l'électorat à tous les Français âgés de 21 ans, ayant l'exercice de leurs droits civiques, à la seule condition de résider depuis six mois dans la commune ; pour l'éligibilité, la condition d'âge était de 25 ans (1).

Le décret gardait le silence sur la participation des militaires aux élections. Fallait-il l'interpréter en leur faveur ou contre eux? Au moment où le décret fut publié, le gouvernement n'était pas favorable à l'extension du droit de vote à l'armée ; la question fut débattue devant lui et le procès-verbal de la séance porte : « *Non*, attendu « l'impossibilité de faire voter les soldats dans la com-« mune, sans disperser l'armée d'une manière arbitraire « et dangereuse pour la sécurité nationale. »

« Y adhérez-vous ? »

Il faisait suivre ces paroles du cri de : « Vive la République ! » auquel officiers et soldats répondaient par des acclamations (Garnier-Pagès, t. 3, p. 128).

(1) Décret du 5 mars 1848, art. 5 à 7.

Mais la question fut reprise dans la séance du 7 mars et résolue, cette fois, affirmativement, car on avait la crainte que cette espèce d'ostracisme électoral, ne fût regardé comme une défaveur après les journées de février et ne blessât, au cœur, l'armée au moment même où le gouvernement s'efforçait de rétablir entre elle et le peuple une confiance mutuelle (1).

De là l'article 37, § 1, de l'instruction du 8 mars relative aux élections générales : « *Les électeurs militaires en activité de service* seront avertis, par leur chef immédiat, aussitôt après la publication du décret du 5 mars et de la présente instruction, *du droit qu'ils ont de participer à l'élection générale comme les autres citoyens* et du nombre de représentants attribués à leurs départements respectifs. »

Et dans une proclamation à l'armée, du 30 mars, le gouvernement disait aux militaires : « Soldats citoyens, vous « devez à la République un titre de plus. Vous n'étiez « que soldats, elle vous a faits citoyens, en vous restituant « votre part de la souveraineté du peuple.

« Mais en vous conférant ce titre de plus, la République « vous impose un devoir de plus. Vous n'aviez que les « devoirs du militaire, vous avez maintenant ceux du « citoyen.

« Vous n'aviez qu'une loi : la discipline ; vous en avez « deux : la discipline et l'amour de l'ordre (2).... »

____

(1) Garnier-Pagès, t. 3, p. 219.

(2) V. aussi : Circulaire du ministre de l'intérieur, Ledru-Rollin, aux commissaires du gouvernement provisoire, du 12 mars 1848 : « L'armée a montré, dans ces derniers événements, sa vive sympathie à la cause républicaine; il faut se la rattacher de plus en plus. Elle est peuple comme nous : elle est la première barrière qui s'opposerait à une invasion. Elle va entrer, pour la première fois, en possession de droits politiques. Honorez-la donc,

Le mode de vote des militaires fut réglé par l'instruction du 8 mars, la circulaire du ministre de la guerre du 15 mars et celle du ministre de l'intérieur du 21 mars.

En vertu de ces instructions, les militaires de tout grade ayant atteint l'âge de vingt et un ans, devaient être divisés en deux classes :

A. Les militaires en congé, disponibilité, non-activité ou réforme.

B. Les militaires en activité de service.

Les électeurs de la première classe devaient être inscrits au lieu de leur domicile respectif; ceux de la deuxième classe étaient admis à voter, dans leur garnison, pour l'élection du département auquel ils appartenaient.

On procéda à la confection de *listes électorales militaires*. En conséquence, dans toutes les communes où se trouvait un corps, une fraction de corps, une École militaire ou un établissement militaire quelconque, le fonctionnaire de l'intendance et, à son défaut, l'officier ou le fonctionnaire civil qui le remplaçait, dressa autant de listes alphabétiques qu'il y avait de sections d'électeurs appartenant au même département.

Après avoir été vérifiées avec soin, ces listes étaient déposées, pendant deux jours dans un endroit accessible à tous les électeurs militaires, afin que chacun de ceux-ci pût en prendre connaissance et y faire opérer les rectifications nécessaires.

Une fois les listes closes, les assemblées électorales devaient être réunies dans les conditions suivantes :

Dans les places où se trouvaient stationnés, un ou plusieurs corps, il devait être tenu une assemblée électo-

et conciliez-vous les bons sentiments de ceux qui la commandent » (*Moniteur* du 12 mars).

rale pour chaque corps, sous la présidence du chef qui en avait le commandement ;

Dans les places où se trouvaient seulement un bataillon, une compagnie ou un détachement, une assemblée devait être également réunie, quelle que fût sa force numérique, sous la présidence de l'officier ou du sous-officier le plus élevé en grade.

Les officiers sans troupe et les employés militaires en résidence fixe, étaient appelés à voter de la façon suivante :

Ceux qui se trouvaient au chef-lieu de la division ou de la subdivision, dans une assemblée présidée par le général de division ou le général de brigade ;

Ceux qui étaient employés dans une autre place, sous la présidence du sous-intendant militaire, et, à défaut, du commandant de la place ou de l'officier le plus élevé en grade. S'il se trouvait, dans l'une de ces places, un officier dont le grade fût supérieur, par assimilation, à celui du fonctionnaire de l'intendance, la présidence de l'assemblée était dévolue à cet officier.

Quant aux militaires de toutes armes et de tous grades, qui se trouvaient dans une commune ou un cantonnement quelconque, en nombre insuffisant pour composer une assemblée d'électeurs, ils devaient être portés sur les listes de la mairie et voter dans la commune chef-lieu de canton, comme les autres citoyens admis à y exercer leurs droits civiques.

Les électeurs militaires, en activité de service, étaient avertis, par leur chef immédiat, du droit qu'ils avaient de participer à l'élection générale, comme les autres citoyens, et du nombre de représentants attribués à leurs départements respectifs.

Puis ils se réunissaient, sous la présidence du chef le plus élevé en grade, en sections, dont chacune devait comprendre les citoyens d'un même département. Le président devait être assisté de quatre scrutateurs, dont deux pris parmi les plus âgés, et deux parmi les plus jeunes sous-officiers et soldats sachant lire et écrire.

Le président devait avertir les électeurs militaires de réfléchir sérieusement à l'acte de citoyen qu'ils allaient accomplir ; il les engageait à émettre leur vote secrètement, en toute conscience et en toute liberté. Chacun d'eux devait écrire ou faire écrire son bulletin par l'un de ses camarades, en dehors de l'assemblée, et le remettait au président.

Les bulletins étaient dépouillés, séance tenante, en leur présence ; et le résultat des votes, cacheté et certifié par les intendants militaires ou par les commissaires de la marine, était envoyé par le président du bureau au commissaire du département auquel appartenaient les votants.

Ce résultat devait être compris dans le recensement général des votes du département (1).

(1) Instruction du Gouvernement provisoire, du 8 mars 1848, pour l'exécution du décret du 5 mars 1848, relatif aux élections générales, art. 37 et 38.

La circulaire du Ministre de la Guerre aux généraux commandant les divisions, en date du 15 mars 1848, entrait, à cet égard, dans les détails suivants. « En ce qui concerne la composition du bureau de chaque assemblée électorale, les dispositions suivantes seront observées scrupuleusement :

Les chefs appelés à présider une assemblée doivent être assistés de quatre scrutateurs, dont deux pris parmi les plus âgés et deux parmi les plus jeunes sous-officiers et soldats présents, sachant lire et écrire. Cette condition est fort importante. Cependant, il peut arriver que, dans certaines localités, il soit très difficile de compléter le bureau comme il est indiqué ci-dessus. Alors le nombre des scrutateurs sera réduit à deux : mais, dans tous les cas, et quel que soit le nombre des électeurs, un secrétaire devra toujours être choisi parmi eux par le président et les scru-

Dans une instruction postérieure relative aux opérations des assemblées électorales, il était enjoint au commissaire du gouvernement, au moment du recensement des votes du département, de déposer sur le bureau de la commission centrale de recensement, les procès-verbaux qu'il aurait reçus des divers points du territoire, constatant le vote des citoyens du département appartenant aux armées de terre et de mer, et qui auraient été appelés à exercer

tateurs.

Au moment de commencer les opérations, le président de chaque assemblée rappellera aux électeurs réunis, l'importance de l'acte qu'ils vont accomplir et les engagera à émettre leurs votes secrètement, en toute liberté. Chacun d'eux écrira ou, au besoin, fera écrire son bulletin par l'un de ses camarades, en dehors de l'assemblée. Ensuite, il le remettra au président ou à l'un des membres du bureau.

Le président et les scrutateurs déposeront, eux-mêmes, leurs votes, comme les autres électeurs, et, après avoir comparé le nombre des bulletins avec celui des votants, constaté par les listes ou feuilles d'inscription, ils procéderont au dépouillement, séance tenante, et en présence des électeurs qui voudront assister à ce dépouillement.

Dans le cas où un ou plusieurs électeurs se trouveraient absents, pour un service commandé, au moment de l'élection, ils pourraient être admis, sur leur demande, à voter séparément. A cet effet, le scrutin resterait ouvert jusqu'au lendemain.

Lorsque l'opération sera complètement achevée, le président remettra à l'intendant militaire ou au sous-intendant et, à défaut, à l'officier ou au fonctionnaire qui en tient lieu, les résultats de ces votes, accompagnés d'un nombre de procès-verbaux égal à celui des listes départementales. Il aura soin de joindre à ces procès-verbaux les bulletins susceptibles d'être contestés ; les autres bulletins devront être brûlés.

A son tour, le fonctionnaire de l'intendance militaire certifiera et cachètera tous ces documents et il les transmettra, sans aucun retard, aux commissaires (ou préfets) des départements auxquels les électeurs appartiennent. Dans les localités où il ne se trouve aucun fonctionnaire de l'intendance militaire, le président de l'assemblée fera directement cet envoi qui aura lieu, avec *franchise de port*, quelles que soient les destinations.

Sur l'enveloppe cachetée, il sera fait mention de la nature du document. Cette mention sera signée par le fonctionnaire qui envoie le paquet, lequel sera remis, cacheté par le commissaire (ou préfet) du département, au président du bureau central. »

leurs droits dans les garnisons, ports ou autres postes où ils se trouvaient en résidence (Circulaire du Min. de l'Intérieur, 8 avril 1848).

Telles furent les dispositions arrêtées par le gouvernement pour la participation de l'armée à l'exercice d'un droit dont le peuple, lui-même, avait été, jusqu'alors privé.

Quelques questions contentieuses s'étant élevées, à ce sujet, furent tranchées par les ministres compétents. Ainsi le ministre de la guerre décida que les militaires nés en pays étrangers ou dans les camps, ceux provenant des enfants trouvés, les invalides et les vétérans, seraient admis à voter pour le département dans lequel ils étaient logés.

Cette mesure avait pour but de faire cesser l'hésitation qu'on éprouvait à fixer leur dernier domicile ou leur lieu de naissance (Circulaire du Min. de la guerre, 15 mars 1848).

Pour les gendarmes, le Ministre de l'Intérieur, consulté, déclara, d'accord avec son collègue de la guerre, qu'ils devaient être assimilés aux autres corps de l'armée et voter de la même façon. Mais, dans les localités où ils étaient en nombre trop restreint pour constituer un bureau, ils devaient être inscrits sur les listes d'électeurs de la commune où ils étaient établis. Les maires ne devaient donc faire aucune difficulté, dans ce cas, pour les inscrire sur la liste des électeurs de leurs communes, ainsi, d'ailleurs, que les militaires ou marins qui ne se trouveraient qu'au nombre de cinq ou au-dessous dans la même commune, et ils devaient voter, comme les autres citoyens, au chef-lieu de canton (Circulaire du Min. de l'Intérieur, 21 mars 1848).

L'élection des membres de l'Assemblée nationale fut fixée au mois d'avril. A l'approche de cette date, une certaine effervescence se fit remarquer dans l'armée, et un grand nombre de militaires sollicitèrent des congés pour aller dans leurs départements respectifs se présenter au choix des électeurs. Le Ministre de la guerre, le général Suberbie, refusa toute autorisation de cette nature et, par une note, en date du 19 mars, insérée au *Moniteur* du 22, il faisait savoir que les autorisations sollicitées auraient pour effet de dégarnir les cadres de l'armée et de diminuer les effectifs. Il engageait donc les militaires qui voulaient solliciter un mandat législatif, à employer la voie de la presse qui leur était ouverte comme aux autres citoyens, afin de se faire connaître aux électeurs.

Les élections eurent lieu le 23 avril, et la majorité des candidats élus représentait l'opinion républicaine modérée. L'armée vota dans les formes prescrites par le gouvernement, mais il est permis de croire que le vote des soldats-citoyens ne fut ni aussi libre, ni aussi éclairé qu'on aurait pu l'espérer. Les commissaires du gouvernement dans les départements avaient reçu, du Ministre de l'intérieur, Ledru-Rollin, par les circulaires du 11 mars et du 6 avril, des instructions énergiques pour faire triompher partout des candidats républicains.

Certains de ces agents se firent, même, une singulière idée de leur rôle, comme le fait suivant rapporté à la tribune de l'Assemblée, dans la séance du 7 mars 1849, par le représentant Callet. Un délégué du gouvernement se 'trouvait, au moment des élections, à la sous-préfecture d'un département. Il fit une liste de candidats dans laquelle il eut soin de porter son nom, puis il l'envoya, sous le sceau de la sous-préfecture, à tous les régiments, avec une apostille, en disant que cette liste était l'expression du sentiment public.

Ces manœuvres furent assez générales, puisqu'il y eut cent vingt-trois commissaires et sous-commissaires du gouvernement élus.

D'autre part, non content de cette candidature officielle, le gouvernement provisoire s'était mis en relations avec une association dite le *Club des Clubs*, qui s'occupait des élections et envoyait des délégués au nombre de quatre dans chaque département. Un nommé Longepied, le principal agent de cette association, qui avait touché, du 3 avril au 9 mai, 103.000 francs sur les fonds secrets du Ministère de l'intérieur, fit, le 25 juillet 1848, la déposition suivante devant la commission d'enquête, sur les événements de mai et de juin : « Je faisais partie de la commission qui avait envoyé des délégués dans les départements. Des sous-officiers étaient choisis pour agir sur les régiments et désigner aux soldats les chefs suspects, dont l'influence était redoutée pour les élections. Je recevais de la caisse du Ministère de l'intérieur, des fonds qui servaient à les payer.

D. — Quels étaient vos rapports avec le Ministre, pour ces missions ?

R. — Le Ministre savait que les délégués étaient envoyés pour préparer les citoyens à faire de bonnes élections. J'ai reçu environ 100.000 francs (1). »

L'Assemblée nationale se réunit le 4 mai. Un de ses premiers actes fut de s'occuper de l'incompatibilité entre

(1) Weil, p. 182.

le mandat de représentant et les fonctions publiques salariées.

Le décret du 14 juin 1848 déclara que, pendant toute la durée de son mandat, aucun membre de l'Assemblée ne pourrait, à moins que ce ne fût par suite d'un concours ou de l'élection, devenir fonctionnaire public salarié, ni, s'il était déjà fonctionnaire, obtenir de l'avancement ou toucher aucun traitement d'activité, de non-activité, de disponibilité ou indemnité quelconque afférente à ses fonctions. Cependant les officiers des armées de terre et de mer, pouvaient recevoir de l'avancement à l'ancienneté.

Le Ministre de la guerre avait défendu, devant la commission, un système différent. Il regardait comme évident que tout militaire, siégeant dans l'Assemblée, devait être considéré comme en disponibilité, en non-activité, et il voulait que, dans le cas où le traitement de disponibilité serait supérieur à l'indemnité de représentant, le militaire jouît de son traitement de disponibilité ; que, dans le cas contraire, il touchât, sur l'indemnité de représentant, la somme nécessaire pour parfaire, avec son traitement de disponibilité, une somme équivalant à 25 francs par jour.

La commission avait repoussé cette manière de voir car, comme l'exposait son rapporteur, le citoyen Rolland, elle estimait qu'au moment où les représentants étaient entrés à l'Assemblée, ils avaient cessé d'exercer les fonctions publiques dont ils étaient investis pour n'être plus que représentants. Son système fut admis par l'Assemblée, mais la question avait, en fait, fort peu d'intérêt, car les seuls militaires élus représentants étaient quelques officiers généraux, dont le traitement de disponibilité n'aurait pas été sensiblement différent de celui de représentant.

Le décret du 14 juin 1848 avait, d'ailleurs, un caractère provisoire, puisque la Constitution n'était pas encore adoptée, non plus que la loi électorale qui devait en être le complément.

L'Assemblée prit encore d'autres mesures pour assurer la liberté de ses délibérations, et, de ce nombre, fut le décret du 28 juillet sur les clubs.

C'est dans ces réunions que s'étaient organisées les insurrections qui avaient failli étouffer la République à son berceau ; c'est dans leur sein que les fauteurs de désordre excitaient les passions par des attaques aussi violentes qu'injustifiées contre le gouvernement. Aussi, le décret réglementa le droit de réunion comme l'avaient déjà fait les législateurs de 1789, en exigeant que l'ouverture de tout club fut précédée d'une déclaration, que les séances fussent publiques, avec la présence d'un fonctionnaire délégué du gouvernement.

A ce danger s'ajoutait celui de l'existence, sur le territoire, d'un grand nombre de sociétés secrètes, qui se recrutaient dans toutes les classes de la société, et qui avaient de nombreux adhérents dans l'armée. A propos de la discussion de décret sur les Clubs, le citoyen Saint-Romme disait, dans la séance du 26 juillet : « La société « secrète n'existe pas toujours *en réunion* ; la réunion est « même, au contraire, l'un des caractères qu'elle fuit avec « le plus de soin. La société secrète procède par affilia- « tion ; elle va s'établir dans un régiment, elle passera « entre le caporal et le sergent pour lier deux soldats « sans qu'on les voie. La société secrète, c'est une cons- « piration organisée, une conspiration permanente qui,

« d'abord, procède par doctrines et puis se résout par
« actions (1). »

Le décret du 28 juillet interdit les sociétés secrètes, et
punit ceux qui seraient convaincus d'en faire partie d'une
amende de 100 à 500 francs, d'un emprisonnement de six
mois à deux ans et de la privation des droits civiques de
un an à cinq ans.

L'Assemblée espérait ainsi débarrasser la France et
affranchir l'armée de la tyrannie de la démagogie.

Elle décida que l'élection du Président de la République serait faite au suffrage universel et, comme elle la
fixa au mois de décembre, la même année, l'armée eut
encore l'occasion de prendre part aux élections.

Le décret du 28 octobre 1848, qui convoquait les électeurs à cet effet, disposait dans son article 3 : « Les mili-
« taires des armées de terre et de mer voteront au chef-
« lieu du canton de la circonscription duquel ils se trou-
« veront en garnison ou en résidence.

« Les listes des électeurs militaires, dûment certifiées
« par l'intendant ou le commissaire de marine, seront
« transmises, huit jours avant le jour de l'élection, au
« maire du chef-lieu de canton. Le maire répartira les
« électeurs militaires entre les diverses sections électo-
« rales. »

Une circulaire du Ministre de l'intérieur, en date du
14 novembre, régla les mesures de détail par l'application
de cet article (2).

---

(1) *Moniteur* du 27 juillet.

(2) « Suivant le décret du 28 octobre, il y aura lieu, dans certains cantons, d'inscrire aussi les électeurs militaires ou marins en garnison ou en

Ainsi, pour l'élection du Président de la République, on modifia le mode adopté pour les élections législatives. Dans celles-ci, les listes électorales militaires étaient dressées à l'armée, et le résultat du vote des militaires était transmis par le commissaire du gouvernement au bureau central de recensement des votes du département.

Pour l'élection du chef de l'État, cette organisation fut modifiée, et l'intendant dut transmettre les listes d'électeurs militaires au maire du chef-lieu de canton dans le ressort duquel se trouvait le corps, et le maire devait former, ainsi, une feuille spéciale d'inscription des votants militaires. Ceux-ci votaient dans le chef-lieu de canton

résidence dans le ressort du canton. Aux termes de l'article 3 § 2 de ce décret si, dans le ressort de ce canton il existe des corps militaires, des détachements ou des militaires isolés qui s'y trouvent en garnison ou en résidence, à raison de leur service, ou des marins dans les mêmes conditions et situations, l'intendant militaire ou le commissaire de marine ou le fonctionnaire qui en tient lieu, devra, huit jours avant l'élection (c'est-à-dire vers le 1er décembre) transmettre au maire du chef-lieu du canton, les listes des citoyens dont il s'agit. Elle comprendra autant de parties distinctes qu'il y a de corps différents pour les subdivisions ou détachements d'un même corps. S'il n'y a, dans le canton, qu'une seule assemblée électorale, les noms de militaires ou marins seront compris sur une feuille d'inscription des votants formant le complément de celle où sont inscrits les citoyens domiciliés dans la commune ou les communes du canton. Si le canton comprend plusieurs sections, le maire du chef-lieu transmettra les listes des militaires ou des marins aux maires des chefs-lieux des sections respectives dans lesquelles ils auront été classés. Ces maires les inscriront sur une feuille d'inscription complémentaire des votants..... S'il n'y avait qu'un très petit nombre de militaires ou marins en activité, il n'y aurait pas besoin de dresser de feuille d'inscription complémentaire. Leurs noms seraient inscrits à la fin de la feuille d'inscription comprenant les électeurs de la commune ou de la section dans laquelle ils sont en garnison ou en résidence. C'est ce qui se faisait en vertu de la circulaire du 21 mars, à l'égard des brigades de gendarmerie » (Circulaire du Ministre de l'intérieur du 14 novembre 1848).

de leur garnison et leurs votes y étaient comptés, au lieu d'être envoyés au département de leur domicile.

Cette différence s'explique facilement : pour l'élection des députés, les suffrages militaires devaient être comptés dans le département du domicile des électeurs en activité de service, parce que l'élection des représentants offrait, jusqu'à un certain point, un intérêt local. Au contraire, pour l'élection du Président de la République, les votes des militaires étaient comptés au lieu de leur garnison, parce qu'il n'y avait plus de raison de distinguer entre les intérêts départementaux, le chef de l'État étant le mandataire de la nation tout entière.

Le gouvernement chercha à faire participer le plus grand nombre possible de militaires à l'élection du Président de la République.

Un certain nombre de corps de troupes se déplaçaient pour changer de garnison, des militaires voyageaient isolément avec feuille de route, soit pour rentrer dans leurs foyers, pour rejoindre leur corps par mutation ou sortie d'hôpital. Le gouvernement décida, que tous les militaires en route seraient admis à voter à la mairie de la commune dont ils se trouveraient le plus rapprochés, le jour de l'élection, sur le vu du contrôle du corps en marche dont ils faisaient partie, ou de leur feuille de route, s'ils voyageaient isolément. Les présidents des assemblées électorales devaient constater sur les feuilles de route que les militaires avaient voté (1).

La Constitution, à laquelle l'Assemblée travaillait, avec ardeur, depuis sa réunion, fut promulguée le 4 novembre 1848. — Elle déclarait électeurs, sans condition

<hr>

(1) Circ. du Min. de l'Intérieur du 5 décembre 1848. Avis inséré au *Moniteur* du 6 décembre.

de cens, tous les Français âgés de vingt et un ans et
jouissant de leurs droits civils et politiques, et éligibles,
sans condition de domicile, tous les électeurs âgés de
vingt-cinq ans (1).

La généralité de ces termes impliquait le droit, pour les
militaires, d'être électeurs et éligibles comme les autres
citoyens. C'est ce qui fut confirmé par la discussion qui
eut lieu à la séance du 6 septembre 1848. — Un représentant, le citoyen Fayet, s'écrie : « Vous dites que vous
« admettez le suffrage universel et vous bornez ce suf-
« frage à l'âge de 21 ans ! Quoi ! avez-vous oublié que ces
« héroïques enfants qui ont sauvé la patrie, qui vous ont
« délivré de l'anarchie, autant par leur esprit que par
« leur courage, n'ont pas 21 ans ! » A quoi le rapporteur
Coquerel répondit : « Qu'il me soit permis de le dire,
« personne plus que la commission de constitution, dans
« le calme de ses longues délibérations, n'a eu à se réjouir
« de tout ce que notre noble et courageuse garde mobile
« avait montré de dévouement à la patrie et d'intelli-
« gence de ses institutions ; mais soyez certains que nos
« jeunes soldats-citoyens ont su, en si peu de temps,
« improviser jusqu'à la discipline ; leur place est beau-
« coup plus là où il y a des combats à livrer, de la gloire
« à gagner, que là où il y a à délibérer et à voter en con-
« naissance de cause. Leur tour viendra, laissons-les
« soldats… ils seront citoyens un jour… (2). »

Il résulte ainsi des paroles prononcées par le rapporteur lui-même que l'Assemblée, en ne voulant créer aucun
privilège en faveur des soldats, comme l'aurait été le fait
d'admettre les soldats à l'exercice des droits politiques

(1) Art. 25 et 26.
(2) *Moniteur* du 7 septembre.

avant l'âge requis des autres électeurs, les assimilait pleinement aux autres citoyens dès qu'ils avaient atteint l'âge de vingt et un ans.

La Constitution s'en référait à la loi électorale pour la réglementation du détail des élections : cette loi fut promulguée le 15 mars 1849.

SECTION II. — Loi du 15 mars 1849.

La nouvelle loi qui reconnaissait, à son tour, aux militaires l'exercice des droits politiques, les admettait à l'électorat et à l'éligibilité, comme les autres citoyens. Il faut donc examiner ses dispositions à l'égard des militaires au point de vue de l'électorat, de l'éligilité et des opérations électorales.

§ 1. — Électorat.

Aux termes de l'article 2, § 3 : « Les militaires en activité de service et les hommes retenus pour le service des ports ou de la flotte, en vertu de leur immatriculation sur les rôles de l'inscription maritime, seront portés sur les listes des communes où ils étaient domiciliés avant leur départ. »

Pour que les militaires et les marins soient inscrits sur la liste électorale de la commune du domicile qu'ils avaient avant leur entrée à l'armée, il faut qu'ils soient dans la position d'activité. Par conséquent, l'article 2 ne s'applique pas aux militaires qui ont pu acquérir un domicile différent de leur domicile d'origine, comme ceux qui sont en congé, en réforme ou en retraite.

Mais pour les militaires en activité de service, ils sont considérés comme ayant conservé leur domicile antérieur à leur arrivée sous les drapeaux : ce sera donc, pour ceux qui sont entrés dans l'armée par la voie de l'appel, leur domicile légal de recrutement, tel qu'il est déterminé par l'article 6 de la loi du 21 mars 1832. Les maires, doivent, à cet effet, consulter les tableaux de recensement et les registres d'engagements volontaires (1).

Pendant tout le temps de présence, à l'armée, des militaires en service actif, ceux-ci conservent donc leur domicile d'origine au point de vue électoral, et aucun événement n'est susceptible de le modifier. Ainsi, un individu qui, au moment de son appel sous les drapeaux, était domicilié chez son père, conserve son domicile dans la commune où son père était alors établi, bien que, depuis, son père ait transféré son propre domicile dans une autre commune (2).

Ce principe entraîne pour conséquence, qu'un militaire qui vient de quitter le service et qui retourne s'établir dans la commune où il avait son domicile légal de recrutement, doit y être inscrit comme électeur résidant, sans qu'une résidence de six mois lui soit nécessaire. Il en est de même du militaire, qui est entré dans l'armée comme engagé volontaire, lorsqu'il revient s'établir dans la commune où il habitait précédemment. L'appelé ou l'engagé volontaire, en effet, n'a jamais cessé d'être domicilié dans cette commune, puisqu'il a été inscrit comme appartenant à cette commune quand il était sous les drapeaux .

Mais il n'en est plus de même du militaire qui s'établit, à sa sortie du service, dans une commune à laquelle il était étranger. Dans ce cas, il ne peut être inscrit sur les

(1) Circ. du Min. de l'Intérieur aux préfets, du 19 mars 1849.
(2) Cass., 25 avril 1849 [Sirey, 1849, 1re partie, p. 582].

listes électorales, qu'après une habitation de six mois dans la commune (1).

La loi permettait aux citoyens, omis sur la liste électorale, de réclamer leur inscription, et elle avait réglé la procédure à suivre, dans ce cas. Cependant, les militaires omis devaient, à raison de leur éloignement, ignorer la plupart du temps, leur omission ; ils laissaient passer les délais, et ne pouvaient s'apercevoir qu'au moment d'exercer leur droit de vote qu'ils n'étaient pas portés sur la liste, trop tard pour réclamer utilement.

C'est ce qui faisait dire, très justement, à M. Oscar Lafayette : « Vous avez consacré dix articles à faire en sorte « qu'un électeur civil puisse réclamer devant le maire, « devant le juge de paix et même devant la Cour de cas- « sation, et vous vous arrangerez de telle sorte que les « militaires ne puissent réclamer auprès de personne. » Comme on lui avait répondu que leurs familles réclameraient pour eux, il ajouta : « Je n'attache, pas plus qu'un autre, une très grande importance à ces votes qui, en général, sont des votes isolés et ne changent pas beaucoup les majorités ; mais, cependant, puisque vous voulez conférer aux militaires le droit de voter, vous devez le leur conférer aux mêmes conditions qu'aux autres citoyens, et, dès lors, je ne vois pas pourquoi vous ne leur donneriez pas les mêmes garanties (2). »

Malgré cette observation si légitime, on n'organisa pas le recours des militaires au cas d'omission de leur nom sur les listes électorales, et la circulaire du Ministre de l'intérieur du 19 mars 1849 se contenta de déclarer que, les parents ou les amis des militaires sous les drapeaux

(1) Circ. du 19 mars 1849.
(2) Séance du 16 février, *Moniteur* du 17.

pourraient demander ou réclamer, suivant les cas, l'inscription de ceux-ci sur les listes électorales. Les militaires pourraient, eux-mêmes, s'adresser directement aux maires.

La liste électorale, définitivement arrêtée, devait être envoyée au préfet. Celui-ci en envoyait un extrait contenant les noms de tous les électeurs en activité de service, à l'intendant militaire pour l'armée de terre et aux commissaires de marine pour l'armée de mer.

L'intendant militaire (ou le commissaire de la marine) adressait aux conseils d'administration, aux chefs de corps, copie officielle de la partie de cet extrait concernant les hommes sous leurs ordres (art. 17).

Pour les militaires qui n'appartenaient à aucun corps, l'intendant devait adresser au Ministre de la guerre les extraits individuels les concernant. D'autre part, dans les départements où il n'existait pas de commissaire de la marine, c'était au Ministre de la marine, que le préfet devait adresser les extraits concernant les noms des citoyens appartenant à la flotte ou au service des ports, et celui-ci se chargeait de la transmission (1).

Un représentant, le citoyen Tassel, proposa d'ajouter à l'article 17 un paragraphe additionnel ainsi conçu : « Communication de ces extraits sera immédiatement « donnée à tout requérant par l'intendant militaire. » C'était dans le but de permettre aux candidats de faire de la propagande auprès des électeurs militaires, en leur indiquant les régiments où se trouvaient les électeurs de leur département. Cet amendement fut repoussé lors de la seconde délibération (2).

(1) Circ. du 19 mars 1849.
(2) Séance du 15 février 1849, *Moniteur* du 17.

Mais à la troisième délibération, le représentant Tassel reprit son amendement sous une autre forme et demanda que, quinze jours avant le vote des militaires, le préfet fit insérer dans l'un des journaux du chef-lieu du département, la liste qui lui serait remise par l'intendant militaire de la résidence, des corps et du nombre de militaires appartenant au département, dans chaque corps. Cet amendement fut repoussé par la commission à laquelle se joignit le Ministre de l'intérieur, à cause des frais élevés que son adoption eût occasionnés, et elle déclara que les candidats n'auraient, pour se faire connaître, qu'à envoyer leurs professions de foi dans les garnisons.

Mais la proposition fut reprise par le citoyen Degeorge, qui demanda que la publication fût faite au recueil des actes de la préfecture, et, sous cette forme, la commission l'adopta dans les termes suivants : Art. 19 : « Quinze « jours avant l'élection, le préfet fera publier dans le « recueil des actes administratifs du département, le ta- « bleau des corps auxquels appartiennent les électeurs du « département en activité de service militaire ou mari- « time, et l'indication des lieux où ces corps se trouvent. « Ce tableau sera, en même temps, déposé au secrétariat « de la préfecture, pour y être communiqué à toute réqui- « sition (1). »

La question de la jouissance des droits politiques ainsi réglée, les militaires faillirent en perdre l'exercice. Le représentant Callet proposa, en effet, lors de la troisième délibération, un amendement à l'article 60, dans les termes suivants : « L'exercice du droit électoral est

____

(1) Séance du 7 mars 1849, *Moniteur* du 8,

suspendu pour les militaires des armées de terre et de mer pendant toute la durée de leur service actif. » L'auteur de cet amendement le justifiait par des arguments fondés sur la discipline et l'esprit militaire. La Constitution de 1848, elle-même, s'opposait au vote des militaires puisqu'elle renfermait un article ainsi conçu : « La force publique est essentiellement obéissante. » « Or, disait-il, ce qui fait un électeur, c'est qu'il est essentiellement libre, ce qui fait un soldat, c'est qu'il est essentiellement obéissant. Par conséquent, au point de vue du droit constitutionnel, un soldat ne peut pas être électeur. »

Comment, en effet, dire à la fois aux soldats : « Obéissez aux ordres de vos chefs sans les examiner » ; et, d'autre part : « Jugez les actes du gouvernement, jugez les actes du Ministre de la guerre, jugez les actes de l'Assemblée, occupez-vous en sans cesse, c'est votre devoir pour exercer utilement votre droit électoral (1) » ?

L'amendement fut écarté par la question préalable.

Si le citoyen Callet échoua dans sa tentative à l'égard des militaires en garnison, il obtint plus de succès pour les militaires en campagne, car à la seconde délibération, il parvint à faire adopter le paragraphe additionnel suivant : « Néanmoins, pour les armées en campagne, hors de la frontière, l'exercice du droit électoral est suspendu (2). »

Le rapporteur s'était opposé à cette addition, en disant que l'armée remplirait son devoir électoral *quand les circonstances le lui permettraient*. Mais M. Callet considérait le vote des armées en campagne comme un

____

(1) Séance du 7 mars, *Moniteur* du 8.
(2) Séance du 22 février, *Moniteur* du 23.

acte dangereux, parce qu'il les détournerait des préoccupations de la guerre et de la défense du territoire.

A la troisième délibération, la discussion de cette proposition donna lieu à des débats violents et passionnés. Le représentant Ducoux demanda la suppression de ce paragraphe : « Au moment où l'on augmentait les devoirs de l'armée, convenait-il de diminuer ses droits? Ou l'exercice du droit est possible et, alors, il faut le respecter, ou il est impossible et les meilleures lois ne le feront pas appliquer. » Le colonel Charras vint appuyer la proposition Ducoux, en ajoutant qu'il y avait fort peu de cas où l'armée ne pourrait voter, et que, pour des hypothèses aussi peu fréquentes, il n'y avait pas lieu de priver de leurs droits de citoyens 3 ou 400.000 hommes. Le citoyen Lagrange vint à son tour, soutenir cette opinion en disant : « Je « veux que nos frères de l'armée soient électeurs, et sur- « tout que ce droit civique ne leur soit pas contesté au « moment suprême, où ils versent, sur le champ de ba- « taille, leur sang pour le salut de la patrie (1) ! »

Mais si l'on avait consulté l'armée, est-il bien certain que les soldats auraient éprouvé un vif désir d'exercer leurs droits de citoyen, en présence de l'ennemi? Auraient-ils pensé, comme leur ardent défenseur, le représentant Lagrange, que leur retirer le droit de vote, à ce moment, c'était « une insulte pour la plus noble et la plus « généreuse de nos institutions » ?

A une séance suivante, MM. Desclais et Lagrange proposèrent un paragraphe additionnel ainsi conçu : « Cette suspension n'aura lieu, toutefois, qu'autant qu'elle sera impérieusement réclamée, soit par les exigences rigou-

____

(1) Séance du 7 mars, *Moniteur* du 8.

reuses du service, soit par l'impossibilité de faire parvenir, en temps utile, les procès-verbaux de vote. »

Mais la commission s'opposa au vote de ce paragraphe, parce qu'elle ne voulait pas qu'on laissât au général en chef la responsabilité de suspendre ou de ne pas suspendre le droit électoral. La discipline pourrait, en effet, être compromise vis-à-vis du chef, s'il commandait une manœuvre ou un déplacement, au moment où le vote devrait avoir lieu.

Et le général Oudinot termina la discussion par ces mots :

« Il est des circonstances dans lesquelles l'abdication
« de certains droits est commandée par l'amour même de
« la patrie. En campagne, les plus impérieux de tous les
« devoirs du soldat, je pourrais dire le plus précieux pour
« lui, c'est d'être utile à son pays et de se dévouer à sa
« défense, sans aucune autre préoccupation. — Je vous en
« supplie donc, n'allez pas jeter, au milieu des devoirs
« militaires, les passions, les ardeurs politiques qui
« pourraient affaiblir la discipline, c'est-à-dire la plus
« puissante des garanties de succès (1). »

L'amendement fut rejeté.

Il en résulta que l'exercice du droit électoral fut suspendu pour les armées en campagne et pour les marins de la flotte se trouvant en cours de navigation.

Pour les armées en campagne, la rédaction de l'article 62 ne pouvait être l'objet d'aucune difficulté, surtout après qu'on eut précisé qu'il ne fallait pas considérer, comme en campagne, les troupes campées en Algérie,

____

(1) Séance du 9 mars. *Moniteur* du 10.

lorsqu'elles étaient dans leurs garnisons, mais seulement lorsqu'elles étaient en expédition (1).

Mais, pour les marins, il n'en était pas de même.

Que fallait-il entendre par l'expression de *marins en cours de navigation* ?

Le représentant des Essars, pour éviter toute difficulté, avait même proposé d'ajouter le paragraphe suivant :

« Ne seront néanmoins considérés comme étant en cours de navigation, quant à l'exercice du droit électoral, que les marins naviguant sur les bâtiments de la République, au delà de la zone du grand cabotage ou en campagne devant l'ennemi. » Et il faisait remarquer que la situation normale du marin était d'être sur mer et que les règlements maritimes considéraient tous les marins, même non éloignés de la côte, comme étant en cours de navigation.

Le rapporteur, le citoyen Billaut, dut venir à la tribune exposer qu'aux yeux de la commission, l'article 62 devait s'interpréter en ce sens que les marins voteraient toutes les fois que le vote serait possible : « La commission, dit-il, n'a pas entendu, le moins du monde, que l'on privât de voter les marins dont le navire se trouve, soit en rade, soit dans un port ; du moment qu'ils pourront voter, ils voteront ; ce qu'elle a voulu, c'est que le navire étant en marche, en voyage, en cours de navigation, on n'eût pas à songer à un vote qui devient, alors, impossible ; ce qu'elle a voulu constater, c'est le cas d'impossibilité (2). »

(1) Séance du 9 mars, *Moniteur* du 10.
(2) Séance du 9 mars, *Moniteur* du 10.

§ 2. — Éligibilité.

La loi de 1849 admettait, de la façon la plus large, l'éligibilité des électeurs aux fonctions de représentant du peuple. Elle établissait, cependant, des inéligibilités et des incompatibilités à raison, soit de l'indignité des individus qu'elle frappait, soit des fonctions publiques qu'ils exerçaient.

Certains officiers, ne pouvaient être élus par les départements compris dans leur ressort, à raison de l'influence qu'ils auraient pu tirer de leurs fonctions auprès des électeurs (1), c'étaient :

Le commandant supérieur des gardes nationales de la Seine ;

Les officiers généraux commandant les divisions et les subdivisions militaires ;

Les intendants divisionnaires et les sous-intendants militaires ;

Les préfets maritimes.

A propos de la disposition qui excluait les généraux commandant les divisions et les subdivisions militaires, l'Assemblée déclara qu'elle ne s'appliquait qu'*au commandant territorial* et non à l'officier général qui, indépendamment du général commandant la division, était investi du commandement distinct et supérieur des troupes et des gardes nationales de cette division (2).

De même, cette disposition n'atteignait pas un général qui, après la mise en état de siège d'une division, avait été investi des pouvoirs que comportait cette mesure

____

(1) Art. 82.
(2) Élection du général Changarnier, 25 juin 1849. *Moniteur* du 26.

dans une des subdivisions, en l'absence du général commandant titulaire (1).

Tels étaient les seuls cas d'inéligibilité des militaires, prévus par la loi électorale, et il faut remarquer qu'ils étaient d'une application restreinte, car ils ne visaient que des officiers et même des officiers supérieurs et généraux, par conséquent en petit nombre, et, d'autre part, ce n'était qu'une inéligibilité relative, permettant à ces officiers de briguer un mandat législatif dans un département autre, que celui où ils exerçaient leurs fonctions.

Cependant, pour les officiers, la question se représenta et donna lieu à une discussion passionnée, lorsqu'il s'agit de déterminer les incompatibilités. L'article 28 de la Constitution de 1848 avait, en effet, un paragraphe 1er ainsi conçu : « Toute fonction publique rétribuée, « est incompatible avec le mandat de représentant du « peuple. » Ce même article, *in fine*, permettait, il est vrai, à la loi électorale d'admettre des exceptions à ce principe. On était d'accord, dans l'Assemblée, pour reconnaître l'éligibilité des officiers, en principe, mais convenait-il de leur permettre d'exercer leur mandat concurremment avec leur fonction, ou devait-on les faire rentrer dans un des cas d'incompatibilité à établir ? Telle fut la question qui fut débattue, lors de la deuxième délibération de la loi de 1849.

La commission proposait d'excepter de l'incompatibilité prononcée par l'article 28 de la Constitution, les fonctionnaires appartenant à un corps ou à une administration dans lesquels la distinction entre le grade et l'emploi était organisée par une loi. Ces fonctionnaires

____

(1) Élection de M. de Grammont, 6 août 1849, *Moniteur* du 7.

devaient être, par le seul fait de leur admission à l'Assemblée législative, réputés avoir renoncé à leur situation d'activité.

La loi du 14 avril 1832, sur l'avancement dans l'armée, avait formellement établi, dans son article 34, que l'emploi était distinct du grade. Le projet de la Commission était donc applicable aux officiers que celle-ci voulait mettre en non-activité, s'ils étaient élus représentants.

Le général Cavaignac s'opposa énergiquement à cette solution : il faisait remarquer que si, d'après la loi, l'emploi était distinct du grade, en fait, il y avait fort peu de cas où il y eût un grade sans emploi. La loi du 19 mai 1834 sur l'état des officiers ne prévoyait ce cas, qui constituait pour l'officier la position de disponibilité, que pour l'état-major général et l'état-major particulier. Il proposait donc, en attendant qu'une loi spéciale eût réglé leur situation, de placer les officiers, élus représentants, dans la position de disponibilité, car il ne pouvait admettre, qu'un représentant du peuple appartenant à l'armée, ne pût venir siéger à l'Assemblée que par la tolérance du Ministre de la guerre. Celui-ci pourrait, à la rigueur, rayer cet officier des cadres, pour absence illégale de son corps, pendant qu'il remplirait son mandat. « Ce que je « veux, disait le général Cavaignac, c'est que tout mili- « taire élu représentant du peuple, puisse entrer dans « cette enceinte et y siéger sans avoir à recourir à au- « cune espèce de tolérance, soit de l'Assemblée, soit du « Ministre. »

D'autres amendements furent présentés. Le colonel Charras proposait de considérer les officiers élus comme en mission hors cadres, les militaires non gradés et les sous-officiers, comme en congé. Le colonel Ambert demandait, d'autre part, que l'article 28 de la Constitution ne fût pas applicable à l'armée, mais que les militaires, nommés membres de l'Assemblée, ne pussent obtenir de l'avancement, pendant la durée de leur mandat, qu'à titre d'ancienneté.

Ce dernier amendement fut écarté par la question préalable.

Enfin, le général Baraguey d'Hilliers proposait de considérer, pendant la durée de leur mandat, les officiers comme en mission, hors cadres, et les autres militaires comme en congé temporaire.

La Commission repoussait tous ces amendements, se refusant à admettre que l'on créât un privilège pour l'armée et que l'on déclarât *l'éligibilité universelle dans la carrière militaire*, tandis que, dans les autres carrières, avec la distinction entre le grade et l'emploi, un nombre infime de fonctionnaires pouvaient, seuls, être élus.

Néanmoins, l'amendement Baraguey d'Hilliers, fortement appuyé par le général Lamoricière, fut adopté (1).

A la troisième délibération, la commission proposa une nouvelle rédaction, ainsi conçue :

« Les fonctionnaires désignés dans le dernier paragraphe de l'article précédent, seront, par le seul fait de leur admission à l'Assemblée législative, réputés avoir renoncé à leur situation d'activité. En conséquence, à dater du jour de leur admission et pendant la durée de leur mandat, les officiers de tout grade et de toutes armes, nommés représentants du peuple, seront considérés comme étant en non-activité ; les sous-officiers et soldats comme étant en congé. Le temps passé à l'Assemblée

____

(1) Séance du 26 février, *Moniteur* du 27.

nationale ne comptera ni pour la retraite, ni pour l'avancement à l'ancienneté. »

Cet article fut combattu avec violence. M. Larabit reprit, sous forme d'amendement, l'article voté en deuxième délibération et, soutenu par les généraux Lamoricière, Oudinot et Baraguey d'Hilliers, il parvint à le faire adopter.

La rédaction de l'article 87 actuel, ne diffère donc de celle adoptée par la Commission qu'en ce que les officiers élus sont, désormais, non dans la position de non-activité, mais en mission hors cadres, et les sous-officiers et soldats en congé temporaire (1).

Enfin, on excepta aussi de l'incompatibilité les citoyens chargés, temporairement, d'un commandement ou d'une mission extraordinaire, soit à l'intérieur, soit à l'extérieur (art. 85). « Et, comme le disait le citoyen Larabit, à la
« séance du 13 mars, il faut considérer, comme comman-
« dement extraordinaire, le commandement de toutes
« les troupes et de toutes les gardes nationales réunies
« dans une division militaire, celui d'une armée ou d'une
« division d'armée (2). »

§ 3. — Opérations électorales.

Le vote avait lieu au chef-lieu de canton, mais par exception, les militaires en activité de service votaient à leur corps. De là plusieurs questions :

Où voteraient les militaires non présents au corps, par suite d'une permission ?

M. Hannoye, avait proposé un amendement pour les faire voter avec les électeurs de la commune, où ils

(1) Séance du 14 mars, *Moniteur* du 15.
(2) Séance du 13 mars, *Moniteur* du 14.

étaient domiciliés avant leur départ. Mais l'amendement fut retiré, sur l'observation du rapporteur, que cela ne pouvait souffrir aucune difficulté parce que c'était le droit commun : « Pour le militaire, comme pour tout autre citoyen, c'est à son domicile, c'est là où est la liste électorale qui porte son nom qu'il doit voter, quand il n'est pas sous le drapeau (1). »

Un article additionnel, proposé par M. Chavoix, fut aussi retiré par son auteur, après explication de la commission. Il avait pour but de faire voter avec les électeurs de leur commune, les militaires en congé dans leur famille.

On se demanda aussi qui devait être considéré comme marin, à raison du grand nombre d'employés de la marine. La commission répondit que les hommes inscrits sur les contrôles de la marine étaient dans deux situations distinctes : ou bien ils étaient attachés au service de la marine militaire, ou bien ils étaient dans leurs foyers, avec leur liberté personnelle.

L'on ne devait considérer comme sous les drapeaux, que ceux qui faisaient le service militaire, soit à bord des vaisseaux, soit sous les ordres des préfets maritimes, dans les ports et, par suite, ceux-là seuls étaient électeurs militaires (2). Le mode de votation adopté par la commission pour les électeurs militaires, résultait du projet de l'article 58 ainsi conçu : « Le vote des électeurs militaires est recueilli par l'officier commandant le corps ou le détachement dont ils font partie. — Cet officier, assisté de quatre scrutateurs, classe les votants d'après les départements auxquels ils appartiennent et envoie au préfet,

----

(1) Séance du 22 février. *Moniteur* du 23.
(2) *Ibid.*

pour chaque département, le résultat spécial de l'opération. »

Ce système avait le grave inconvénient, comme le fit
remarquer M. Foy, de rendre illusoire le secret du v te,
par ce fait qu'en fractionnant les votes par corps et par
département, il n'y aurait pas plus d'un ou de deux votes
du même département dans chaque corps. Aussi le
citoyen Brunet proposa-t-il, pour éviter cet inconvénient,
que les votes ne fussent pas dépouillés au corps, mais au
chef-lieu du département dans lequel les suffrages devaient compter, par une commission centrale composée
de treize militaires, et chargée de dépouiller les bulletins
envoyés par les différents corps pour le département.
Cette proposition fut écartée à raison de sa complexité,
mais, d'autre part, le projet de la commission lui fut renvoyé (1).

Dans la séance suivante, la commission, revenant au
mode de scrutin adopté par le gouvernement provisoire
en 1848, présenta un projet d'article 62 qui fut adopté dans
les termes suivants : « Les militaires présents sous le
drapeau, sont, dans chaque localité, répartis en sections
électorales par département. Chaque section est présidée
par l'officier ou sous-officier le plus élevé en grade, ou,
à défaut, par le soldat le plus ancien, assisté de quatre
scrutateurs. Ces quatre scrutateurs sont les deux plus
âgés et les deux plus jeunes électeurs présents, sachant
lire et écrire. Il est procédé de la même manière pour les
marins et ouvriers portés sur les rôles de l'inscription
maritime et retenus par leur service hors du lieu de leur
résidence habituelle. Le résultat est, pour chaque dé-

____

(1) Séance du 21 février, *Moniteur* du 22.

partement, envoyé au préfet par le président de la section. Le résultat transmis par le préfet au président du bureau électoral du chef-lieu, est compris dans le recensement général des votes du département.... ».

Pour l'élection du Président de la République, comme le vote par département n'avait plus de raison d'être, l'article 69 décida que les militaires en activité de service, voteraient avec les autres électeurs au lieu où ils se trouveraient au jour de l'élection ; leurs bulletins seraient confondus dans la même urne avec ceux des autres citoyens (art. 71).

Au cas où des circonstances particulières rendraient impossible le vote en commun avec les autres électeurs, les opérations électorales auraient lieu sous la présidence de l'officier le plus élevé en grade, assisté de quatre scrutateurs (art.72). Le scrutin serait dépouillé, séance tenante, et le procès-verbal envoyé directement au président de l'Assemblée Nationale (art. 73).

Telles furent les dispositions de la loi électorale, concernant le vote des militaires. Mais l'éloignement des militaires et des marins, le fractionnement de leurs suffrages et le mode spécial de votation adopté pour eux, lorsqu'il s'agissait de l'élection des représentants du peuple, donnèrent lieu à un certain nombre de difficultés que l'Assemblée, en vertu de ses pouvoirs souverains au sujet de l'élection de ses membres, trancha dans l'esprit le plus libéral.

Elle refusa, en conséquence, d'annuler des élections, lorsque celles-ci avaient eu lieu à une forte majorité, par cela seul qu'un petit nombre de suffrages militaires avaient été omis (1), ou même qu'un nombre considérable

____

(1) Ass. législ., 31 mai 1849. Elect. de la Haute-Saône, *Moniteur* du 1er juin.

de militaires n'avaient pas voté (1). Elle ne considéra
pas comme suffisante, pour faire annuler une élection,
une protestation alléguant qu'un petit nombre de militaires n'avaient pas pris part au scrutin, s'il n'était pas
prouvé que c'était l'autorité qui les avait empêchés de
voter (2). Cette solution devait être admise si, dans le
département où les résultats de certains votes militaires
étaient parvenus tardivement, les suffrages militaires
avaient été supprimés en nombre considérable et où, par
suite, ce retard n'avait pu avoir aucune influence sur le
résultat du scrutin (3). A *fortiori*, la protestation d'un
militaire alléguant n'avoir pas été admis à voter, devait-
elle être écartée (4).

L'Assemblée décida encore qu'il n'y avait pas lieu de
s'arrêter à ce que les votes des corps militaires n'avaient
pas été transmis avec les procès-verbaux, de manière
que le relevé pût en être vérifié, si, d'une part, il y avait
une forte majorité pour le candidat élu et si, d'autre part,
le procès-verbal du bureau central portait que les votes
des militaires avaient été constatés et que c'était après un
examen attentif de tous les votes que le résultat avait été
proclamé (5). Le procès-verbal des votes militaires pour
un département pouvait, d'ailleurs, être suppléé par
l'envoi au préfet de ce département par celui du département où les militaires avaient voté, des listes dressées

<hr>

(1) Ass. législ., 31 mai 1849. Elect. du Rhône, *Moniteur* du 1er juin.
(2) Ass. législ., 31 mai 1849. Elect. des Côtes-du-Nord, *Moniteur* du
1er juin ; 2 juin 1849, Elect. de l'Aude, *Moniteur* du 3 juin.
(3) Ass. législ., 31 mai 1849. Elect. des Hautes-Pyrénées, *Moniteur* du
1er juin.
(4) Ass. législ., 29 mai 1849. Elect. de l'Aisne, *Moniteur* du 30.
(5) Ass. législ., 17 juillet 1849. Elect. du Gers, *Moniteur* du 18.

corps par corps et indiquant le nombre de ces militaires (1).

Les élections de 1848, qui étaient la première manifestation du suffrage universel, s'étaient passées dans le plus grand calme (2) ; il n'en fut pas de même de celles de 1849. Pour les élections à la Constituante, l'armée avait déjà, dans une certaine mesure, participé au mouvement démocrate en envoyant des représentants au *Comité révolutionnaire composé des délégués de 200 clubs, des corporations ouvrières, de la garde mobile et de l'armée.* Pour les élections à la Législative, faites sous l'empire de la loi électorale de 1849, des comités se formèrent en plus grand nombre et l'armée se mit en rapport avec les partis avancés, en nommant des délégués dans chaque régiment pour faire de la propagande en faveur des candidats choisis. Une proclamation fut même lancée au nom des « sous-officiers et soldats démocrates et socialistes de l'armée de Paris (3) ».

L'agitation faillit même compromettre la discipline.

(1) Ass. législ., 2 mai 1850. Elect. du Var, *Moniteur* du 3.

(2) V. *Discours de Dufaure à l'Assemblée*, dans la séance du 29 septembre 1848, rapporté par Weil, p. 173.

(3) Le sergent-major Boichot, candidat socialiste, rapporte en ces termes, la propagande électorale dans l'armée : « Les élections pour la Législative étaient fixées au 13 mai. En conséquence, le comité socialiste de la Seine convoqua les électeurs militaires de la garnison de Paris dans la salle Martel, pour y choisir les candidats.... Pendant huit jours, nous nous occupâmes d'organiser une manifestation. Afin d'activer la propagande,... le comité socialiste de la Seine avait chargé trois de ses délégués de se mettre en rapport avec les démocrates de l'armée... Ces derniers nommèrent, dans chaque régiment, des délégués qui eurent pour mission de recueillir les suffrages. Le 25 avril, ils adressèrent au comité électoral de la Seine le résultat des opérations du vote. Le procès-verbal était ainsi conçu : « Les sous-officiers et soldats démocrates socialistes de l'armée de Paris, ont l'honneur de proposer à leurs frères du peuple de la Seine, le citoyen Boichot, sergent-major et le citoyen Rattier, sergent, comme candidats de

Un candidat militaire, le sergent-major Boichot, du 7e léger, était fort populaire. « Il ira à l'Assemblée avec ses deux galons », disaient les soldats. Aussi lorsqu'à la suite de désordres qu'il avait provoqués, le général Changarnier donna l'ordre de le mettre à la salle de police, sa compagnie se souleva, le délivra et maltraita les officiers. On dut le faire transporter à Vincennes.

Ces mutineries se répétèrent à l'approche des élections (1). Boichot, à qui l'épaulette de sous-lieutenant avait été offerte pour obtenir son désistement, et qui avait été incarcéré pour avoir accepté une candidature socialiste, fut élu à une énorme majorité avec deux autres sous-officiers, Rattier et Commissaire.

Au lendemain de son élection, un journal militaire appréciait ainsi son succès : « Nous ne crierons pas à la « débandade parce que les citoyens Boichot, Rattier, « Commissaire, sont transformés en législateurs. Ce « qui m'a serré le cœur, c'est de voir qu'à Paris, le ser- « gent-major a obtenu vingt mille voix de plus que le « maréchal Bugeaud, six mille de plus que le général « Lamoricière, et qu'enfin le sergent Rattier a eu trois « mille voix de plus que le Maréchal et que le général « Rapatel (2). »

Boichot lui-même, après son élection, disait au banquet des sous-officiers : « La Révolution de 1848, en dé- « truisant le régime des castes, en fondant le suffrage

l'armée. Cette élection a pour but de consacrer l'union définitive du peuple et de l'armée. »

Boichot, *La Révolution dans l'armée française. Élection des sous-officiers en 1849*, p. 20 et s.

(1) *Journal du Maréchal de Castellane*, t. 4, p. 155.

(2) *La Sentinelle* du 1er juin 1849. Boichot avait obtenu 104.540 voix et le maréchal Bugeaud 69.805.

« universel, a placé les insignes de représentant du peu-
« ple dans la giberne de chaque soldat. » Et *la Presse*,
comparant le succès des sous-officiers à l'échec de Thiers
et de Molé, pouvait dire : « Leur élection équivaut indirectement, mais inévitablement à l'abolition du recrutement et de l'esclavage militaires (1). »

Ainsi se trouvaient justifiées les appréhensions de
quelques membres courageux de l'Assemblée qui, refusant de sacrifier au principe d'une égalité trompeuse en
apparence, ne voulaient pas accorder le droit de suffrage
à l'armée. Les officiers étaient, aussi, adversaires du
vote des militaires : en introduisant la politique à la caserne, on y avait donné accès à l'esprit de critique, cet
ennemi de la discipline, et les désordres qui avaient ac-
compagné les élections du mois de mai étaient de fâcheux
symptômes de désorganisation (2).

Cependant la loi du 31 mai 1850 qui modifia celle du
14 mars 1849, conserva le principe du vote des militaires.

SECTION III. — Loi du 31 mai 1850.

Cette loi fut une réaction contre le suffrage universel.
A la suite des événements du 13 juin 1849, trente représentants du parti socialiste dit *la Montagne*, avaient été
condamnés par la Haute Cour et déclarés, par résolution
de l'Assemblée en date du 8 février 1850, déchus de leur
mandat législatif (3).

(1) Boichot, p. 88.
(2) *Journal du Maréchal de Castellane*, t. 4, p. 155 et 156.
(3) Au nombre de ces représentants se trouvaient les sous-officiers Boichot et Rattier, élus par le département de la Seine et Commissaire, élu
par le département du Bas-Rhin.

Les élections du 10 mars eurent pour résultat de renvoyer à l'Assemblée, des membres du parti socialiste élus avec de fortes majorités.

Le gouvernement, peu satisfait de ces élections, songea, dès que les résultats en furent connus, à modifier la loi électorale. Une commission fut nommée ; elle se réunit au ministère de l'intérieur et prépara, en quelques jours, le projet de loi qui devint la loi du 31 mai 1850. Comme le déclarait le Ministre de l'intérieur, Baroche, dans son Exposé des motifs, le gouvernement avait essayé de s'opposer au progrès du parti avancé par trois sortes de dispositions, en exigeant, pour être électeur, un domicile plus long que celui de la loi de 1849, en augmentant les causes d'incapacité électorale et en modifiant les conditions requises pour être élu, quant au nombre de suffrages à obtenir.

Aux termes de la nouvelle loi, tous les Français majeurs et jouissant de leurs droits politiques, étaient électeurs, à la condition d'avoir leur domicile dans la commune ou dans le canton depuis trois ans au moins. Le domicile électoral se constatait par l'inscription au rôle de la contribution personnelle ou, pour les majeurs habitant chez autrui, par la déclaration de leur père ou mère ou autres ascendants chez lesquels ils résidaient, ou par celle des maîtres ou patrons qui les employaient (1).

Certaines exceptions étaient faites quant à la condition de domicile : les fonctionnaires publics et les ministres du culte étaient inscrits sur la liste électorale de la commune où ils exerçaient leurs fonctions ou leur ministère, quelle que fût la durée de leur domicile : les militai-

(1) Art. 2, 3, 4.

res et marins sous les drapeaux étaient inscrits sur la liste électorale de la commune où ils avaient satisfait à l'appel (1).

Ainsi donc la principale innovation de la loi de 1850 consistait, d'une part, dans la nécessité pour être inscrit sur les listes électorales, d'avoir un domicile de trois ans dans la commune ou dans le canton (et, par domicile, on entendait un domicile réel, c'est-à-dire le lieu où l'électeur avait non seulement son habitation, mais encore son principal établissement) et surtout dans la manière de prouver ce domicile, c'est-à-dire dans le paiement de certaines contributions. Les militaires sous les drapeaux n'ayant pas de demeure fixe, on avait dû admettre pour eux une exception, mais on avait repoussé la disposition de la loi du 15 mars 1849, qui voulait qu'ils fussent inscrits sur la liste électorale de la commune où ils étaient domiciliés avant leur départ. On avait également repoussé un amendement présenté par M. Vésin et plusieurs de ses collègues, qui proposaient de considérer comme domicile électoral le lieu où l'on avait satisfait à la loi de recrutement (2).

On considéra que les militaires et les marins sous les drapeaux, n'ont d'autre domicile fixe que la commune à laquelle ils appartenaient quand ils ont été appelés à servir, et l'on décida qu'ils seraient inscrits sur les listes électorales de la commune où ils avaient satisfait à l'appel.

(1) Art. 5 et 6.

(2) « Le domicile électoral est constaté :.... 5° Par le tirage au sort, pour le recrutement des armées de terre et de mer : premièrement, à l'égard de tous ceux qui résident habituellement dans la commune ou qui sont présents sous les drapeaux..... » (Séance du 29 mai, *Moniteur* du 30).

Pour assurer l'exécution de cette disposition, les chefs de corps devaient envoyer, dans le mois qui précédait la confection des listes, des bulletins établis par communes aux maires de ces communes (1).

Un membre de l'Assemblée, M. Pascal-Duprat, ayant demandé si les militaires étaient électeurs parce qu'ils étaient sous les drapeaux, ou s'ils devaient payer la cote personnelle dans la commune où ils avaient satisfait à l'appel, on lui répondit qu'il n'était pas nécessaire qu'ils fussent inscrits au rôle de la contribution personnelle : leur seul titre de militaires présents sous les drapeaux était suffisant pour les faire porter sur la liste électorale (2).

La jurisprudence considéra même, comme en activité de service, les militaires faisant partie du contingent de l'armée, quoique momentanément laissés dans leurs foyers comme soutiens de famille, et elle les fit bénéficier des avantages de l'article 6 de la loi (3).

Quant aux gendarmes, on les considéra, non comme des militaires, mais comme des fonctionnaires publics, et, en conséquence, leur inscription eut lieu sur les listes électorales de la commune où ils exerçaient leurs fonctions, sans condition de domicile (4).

Mais les militaires libérés, sur quelle liste électorale allaient-ils être inscrits en rentrant dans leurs foyers ? Allait-il leur falloir attendre trois ans, avant d'exercer

(1) Circ. du Min. de l'Intérieur du 5 juin 1850.
(2) Séance du 30 mai, *Moniteur* du 31.
(3) Cass., 28 août 1850 et 11 novembre 1850 (S. 50.1.840).
(4) Cass., 20 avril 1850 (S. 50.1.836) ; 26 août 1850 (D. 50.5.182) ; 28 août 1850 (S. 50.1.836) ; 12 novembre 1850 (D. 50.1.329) ; 9 décembre 1850 (S. 50.1.836).

un droit dont ils étaient en possession sous les drapeaux ?

La question avait préoccupé certains membres de l'Assemblée. M. Moreau (de la Creuse) avait proposé à l'article 5 un amendement ainsi conçu : « Les anciens militaires, sur la présentation de leur congé de libération ou de réforme, seront inscrits sur la liste électorale de la commune où ils feront leur résidence, sans qu'on puisse leur opposer les articles 2, 3, 4 et 5 dans ce qu'ils ont de restrictif. » Mais cet amendement fut repoussé (1).

Le colonel Laborde proposa, à son tour, un amendement repris par le général Lebreton, qui eut, d'ailleurs, le même sort et qui donnait le droit de vote sans condition de cens ni de temps de domicile aux anciens militaires pensionnés, congédiés, réformés, ainsi qu'aux membres de la Légion d'Honneur (2).

Le législateur, refusant de créer des privilèges en faveur des militaires libérés, il faut conclure,que le droit commun leur devenait applicable (3). Il était important, par suite, de distinguer selon la commune où le militaire libéré allait s'établir.

Etait-ce celle où il avait, autrefois, son domicile, il était admis pour justifier du domicile triennal requis par la loi, à faire entrer en compte, le temps passé sous les drapeaux (4) ou le temps de domicile de son père (5).

Etait-ce une commune autre que celle où il avait satisfait à l'appel, il devait, pour être porté sur les listes

(1) Séance du 30 mai, *Moniteur* du 31.
(2) *Ibid.*
(3) Cass., 19 août 1850 (S. 50.1.840).
(4) Cass., 2 juillet 1851 (D. 51.1.208).
(5) Cass., 13 novembre 1850 (S. 50.1.840).

électorales de cette commune, prouver son domicile
comme les autres citoyens (1).

La loi de 1850 étendait les incapacités pour cause
d'indignité. Elle déclarait incapables d'être électeurs et
élus les individus condamnés à certaines peines qu'elle
énumérait, et au nombre de ceux-ci : les militaires condamnés au boulet ou aux travaux publics et les individus
condamnés à l'emprisonnement par application de la loi
sur le recrutement de l'armée (2).

Après une longue discussion, on avait même admis
comme cause d'incapacité légale les condamnations,
même disciplinaires, prononcées contre des militaires
présents sous les drapeaux. Comme le disait, au nom de
la commission, le rapporteur de la loi, M. Léon Faucher,
« on ne peut pas reconnaître les droits de citoyen à des
hommes qui ont été retranchés, ne fût-ce que pour un
temps, des rangs de l'armée. »

En conséquence, les militaires envoyés, par punition,
dans les compagnies de discipline, ne pouvaient pas être
inscrits sur les listes électorales, avant un délai de cinq
ans depuis l'expiration de leur peine. Mais les fusiliers
des compagnies de discipline rentraient en jouissance du
droit électoral à l'expiration de leur punition (3).

Un représentant, M. Lagrange, ayant voulu établir une
corrélation entre le droit de suffrage et le droit de porter
les armes, avait proposé une disposition ainsi conçue :
« Tous les citoyens reconnus, par la présente loi, indi-
« gnes de participer à l'acte de souveraineté que constitue

---

(1) Cass., 18 novembre 1850 (S. 50.1.840).

(2) Art. 8, 11° et 12°.

(3) Art. 9 et 10. V. la discussion de ces articles à la séance du 31 mai,
Moniteur du 1er juin.

« le suffrage universel, sont également reconnus indignes
« d'exercer le droit et l'honneur de porter les armes dans
« les armées de terre et de mer de la République. » Mais
cette disposition fut écartée par la question préalable (1).

Enfin, quant au mode de votation de l'armée, la loi du
31 mai 1850 contenait encore une innovation. M. Moreau
(de la Creuse), avait proposé, pour assurer l'indépendance du vote des militaires, qu'il eût lieu, dans chaque
localité, en présence du maire de la commune ou du juge
de paix ; mais son amendement fut rejeté (2).

On s'en tint donc aux dispositions de l'article 62 de la
loi du 15 mars 1849.

Mais c'est pour le dépouillement des votes militaires,
que la loi de 1850 apporta une amélioration à la législation antérieure. Ce dépouillement avait lieu dans les sections électorales militaires, et il en résultait que contrai-
rement à la Constitution, le vote n'était plus secret, car
le résultat des suffrages de l'armée était connu avant
même que le scrutin fût ouvert dans les autres sections
électorales. C'est pour porter remède à cet abus, que l'article proposé par le gouvernement portait, que les bulletins des électeurs militaires ne seraient plus dépouillés
dans les sections où ils avaient été reçus. Ils seraient
transmis, après avoir été clos et cachetés en présence du

---

(1) Séance du 31 mai, *Moniteur* du 1er juin.

(2) *Ibid.* — « Le vote des militaires aura lieu à la justice de paix ou à
la mairie de la commune où ils seront appelés à voter. Il n'y aura d'exception pour l'armée de terre : que pour les soldats en campagne, et à
l'étranger ; pour les marins : que lorsqu'ils seront à bord et en voie de navigation.

A la justice de paix, le bureau sera composé du juge de paix, de deux
assesseurs, d'un sous-officier et d'un soldat.

A la mairie, le bureau sera composé du maire, de deux conseillers municipaux désignés par le conseil, d'un sous-officier et d'un soldat. »

bureau, au préfet de chaque département, et confondus dans les mêmes urnes avec les bulletins des électeurs du chef-lieu. De cette manière, toute distinction, toute constatation séparée du vote de chaque corps deviendrait désormais impossible (1).

Ce nouveau mode de dépouillement des votes militaires donna lieu, en pratique, à certaines difficultés. On se plaignit en effet, à plusieurs reprises, que les bulletins de l'armée arrivaient trop tard au chef-lieu du département, à une époque où on ne pouvait plus en tenir compte, ce qui faussait les résultats du scrutin, le sort d'une élection pouvant dépendre des votes militaires, et on demanda au Ministre de la guerre de veiller à ce que cet inconvénient ne se renouvelât plus (2).

C'est qu'en effet, d'après la jurisprudence de l'Assemblée, lorsque des paquets de bulletins militaires étaient envoyés au bureau central du département après la clôture des opérations, ils ne devaient être ni ouverts ni dépouillés par le bureau (3). De même, lorsque des paquets de bulletins militaires cachetés, arrivés trop tard au bureau du chef-lieu du département, étaient adressés au bureau de l'Assemblée, il y avait lieu de les brûler sans les ouvrir. Il en était ainsi, surtout lorsque les chiffres des votants indiqués sur ces paquets, ne pouvaient avoir aucune influence sur le résultat de l'élection (4).

(1) Art. 12.

(2) Ass. législ., 19 juillet 1851. Elect. de M. Bataille, *Moniteur* du 20.

(3) Ass. législ., 3 décembre 1850. Elect. de MM. Duvergier de Hauranne et Bidault, *Moniteur* du 4 ; 16 juillet 1851. Elect. de MM. Pépin-Lehalleur et Kerssausot-Permendret, *Moniteur* du 17 ; 6 novembre 1851. Elect. de M. Gouyon de Coipel, *Moniteur* du 7.

(4) Ass. législ., 18 novembre 1850 : Elect. de M. Lahitte, *Moniteur* du 19 ; 23 mai 1851. Elect. de M. Durieu, *Moniteur* du 24.

Telles furent les modifications apportés au point de vue du vote des militaires par la loi du 31 mai 1850. Cette loi qui restreignait le suffrage universel en faisant passer le nombre des électeurs de 9 millions à 6 millions, et contre laquelle l'Assemblée avait reçu des pétitions couvertes de 527.000 signatures, contribua à rendre l'Assemblée impopulaire, tandis que le Président de la République, Louis-Napoléon, gagnait des partisans.

Le 4 novembre 1851, le Président adressa un message à l'Assemblée pour lui demander le rétablissement du suffrage universel, mais cette proposition fut rejetée par la majorité. Le conflit entre le Président et l'Assemblée ne faisant qu'augmenter, Louis-Napoléon résolut de recourir au Coup d'Etat.

CHAPITRE IV

LE SECOND EMPIRE.

Le Président laissait soupçonner ses intentions par sa conduite ; il avait pris pour ministre de la guerre le général de Saint-Arnaud, et avait mis, à la tête de l'armée de Paris, le général Magnan. On entretenait dans cette armée, forte de 35.000 hommes, des idées de restauration impériale et, à une revue passée par le Président sur le plateau de Satory, un général fut disgracié pour avoir défendu à ses troupes de crier « *Vive l'Empereur* (1) » !

Le gouvernement se décida à agir pour l'anniversaire de la bataille d'Austerlitz. Dans la nuit du 2 décembre 1851, la plupart des représentants de l'opposition furent arrêtés et, le lendemain matin, un décret affiché dans les rues de Paris, annonçait la dissolution de l'Assemblée.

En même temps, le Président adressait un appel au peuple et un autre à l'armée, dans lesquels il annonçait qu'il allait demander à la nation de ratifier ses actes et lui soumettre les bases d'une nouvelle Constitution.

En annonçant à l'armée qu'elle allait être consultée aussi sur les destinées du pays, Louis-Napoléon disait : « Soldats, soyez fiers de votre mission, vous sauverez la « patrie, car je compte sur vous, non pour violer les lois,

---

(1) G⁴ˡ Du Barail, *Souvenirs*.

« mais pour faire respecter la première loi du pays, la
« souveraineté nationale, dont je suis le légitime repré-
« sentant....

« Aujourd'hui, en ce moment solennel, je veux que
« l'armée fasse entendre sa voix. Votez donc librement
« comme citoyens ; mais, comme soldats, n'oubliez pas
« que l'obéissance passive aux ordres du chef du Gou-
« vernement est le devoir rigoureux de l'armée, depuis
« le général jusqu'au soldat.... Soyez prêts à réprimer
« toute tentative contre le libre exercice de la souverai-
« neté du peuple. »

Cette proclamation, que le général de Saint-Arnaud,
donna l'ordre d'afficher dans toutes les casernes et de
faire lire aux troupes par les chefs de corps, admettait
pour les soldats le droit de se prononcer, en toute liberté, comme citoyens sur l'acte du 2 décembre, mais
leur rappelait, en même temps, qu'il devaient obéir aveu-
glément aux ordres du gouvernement. Comment concilier ces deux attitudes contradictoires, au moment même
où les soldats avaient vu ceux de leurs chefs qui étaient
représentants du peuple : les généraux Changarnier,
Lamoricière, le Flô, Bedeau, Cavaignac, arrêtés pour
avoir essayé de défendre la loi ?

Le décret du 2 décembre 1851, soumettait au peuple
français le plébiscite suivant : « Le Peuple français veut
« le maintien de l'autorité de Louis-Napoléon Bonaparte,
« et lui délègue les pouvoirs nécessaires pour faire une
« constitution sur les bases proposées dans sa procla-
« mation du 2 décembre. » La loi du 31 mai 1850 était
abrogée, et tous les Français âgés de vingt et un ans et
jouissant de leurs droits politiques, étaient appelés à
voter dans les conditions établies par la loi électorale de

1849. Le vote devait se faire par la consignation des nom et prénoms de chaque électeur sur l'un des deux registres ouverts dans chaque commune, l'un d'acceptation, l'autre de non-acceptation du plébiscite. Le scrutin était ouvert pendant huit jours (1).

Pour les votes dans l'armée de terre et de mer, un décret de même date, le réglait de la façon suivante : « Dans « les vingt-quatre heures de l'envoi au chef de corps du « décret soumettant le plébiscite à l'acceptation de l'ar- « mée, chaque corps devait voter. » A cet effet, deux registres sur papier libre, l'un d'acceptation, l'autre de non-acceptation, devaient être ouverts par les soins du chef de corps et les votes devaient être consignés de huit heures du matin à quatre heures du soir.

Ceux qui ne savaient pas écrire devaient faire consigner leur vote. Après avoir recueilli les votes des officiers, sous-officiers et soldats sous leurs ordres, les chefs de corps devaient clore les registres et les transmettre directement aux secrétariats des Ministères de la guerre et de la marine avec des états certifiés résumant le nombre des votes d'acceptation ou de rejet pour leur corps. Une commission devait être instituée par le Ministre de la Guerre pour opérer le dépouillement des registres et le recensement des votes, dont le résultat serait proclamé par le pouvoir exécutif (2).

____

(1) Décret du 2 décembre 1851, articles 1 à 4.

(2) Décret du 2 décembre 1851. Voici les deux modèles de registres d'acceptation ou de rejet :

ACCEPTATION. — En vertu du plébiscite du. . . . ., les officiers, sous-officiers et soldats dont les noms suivent, ont répondu *affirmativement* à la résolution posée en ces termes :

« Le peuple français veut le maintien de l'autorité de Louis-Napoléon « Bonaparte, et lui délègue les pouvoirs nécessaires pour faire une Cons-

Le général de Saint-Arnaud, en adressant ces instructions aux généraux, leur écrivait:

« Le Président compte sur l'appui de la nation et de
« l'armée, et, en ce qui touche la division que vous com
« mandez, sur l'énergie de votre attitude, sur la prompte
« et sévère répression de la moindre tentative de trou
« ble (1). »

Devant les protestations que souleva la publicité du scrutin, telle qu'elle résultait du décret du 2 décembre, le gouvernement se décida à apporter quelques modifications à ce décret. La durée du scrutin fut fixée à deux jours au lieu de huit et les suffrages durent être exprimées par *oui* ou par *non* au moyen d'un bulletin fermé (2).

A ce moment, l'armée avait déjà voté. Elle ne put bénéficier de ces nouvelles mesures. On peut donc dire que les suffrages militaires n'avaient pas été exprimés librement, car : les soldats avaient pu craindre que leurs chefs ne leur tinssent rigueur d'un vote défavorable au gouvernement, les officiers, qu'un tel vote n'eût une influence fâcheuse sur leur carrière. Pour rassurer les électeurs militaires qui avaient fait preuve d'indépendance, le Président écrivit au Ministre de la guerre de donner l'ordre de brûler les registres de vote, parce qu'il voulait ignorer les noms de ceux qui avaient voté contre lui (3).

« titution sur les bases proposées dans sa proclamation du . . . . . . »

Rejet. — En vertu du plébiciste du. . . . . . les officiers, sous-officiers et soldats dont les noms suivent, ont répondu *négativement* à la résolution posée en ces termes :

« Le peuple français veut le maintien, etc....... »

(1) Circ. du Ministre de la guerre du 2 décembre 1851.

(2) Décret du 4 décembre 1851.

(3) Lettre du Président de la République au Ministre de la guerre :

Cette feinte ne pouvait vraisemblablement tromper personne. Il était certain que le gouvernement, en rapportant les dispositions concernant la publicité du scrutin, avait voulu exercer sur le vote des soldats, une pression en faveur de sa politique et que, d'autre part, en plaçant la consultation nationale à une date postérieure de plusieurs semaines au plébiscite de l'armée, il avait espéré que la majorité sur laquelle il comptait dans l'armée, pourrait avoir une influence sur les suffrages du peuple.

Il fut trompé, au moins quant à la première de ces espérances, car le résultat des votes militaires fut de 319.269 *oui* contre 42.827 *non* (1).

« Mon cher Général,

« J'avais adopté le mode de votation avec la signature de chaque votant
« parce que ce mode, employé autrefois, me semblait mieux assurer la
« sincérité de l'élection ; mais, cédant à des objections sérieuses et à de
« justes réclamations, je viens, vous le savez, de rendre un décret qui
« change la manière de voter.

« Les suffrages de l'armée sont presque entièrement donnés et je suis
« heureux de penser qu'il s'en trouvera un assez petit nombre contre moi.
« Cependant, comme les militaires qui ont déposé un vote négatif pour-
« raient craindre qu'il n'exerçât une fâcheuse influence sur leur carrière,
« il importe de les rassurer.

« Veuillez donc bien, sans retard, faire savoir à l'armée que si le mode
« d'après lequel elle a voté est différent de celui d'après lequel voteront
« les autres citoyens, l'effet en sera le même pour elle ; c'est-à-dire que je
« veux ignorer les noms de ceux qui ont voté contre moi.

« En conséquence, le relevé des votes une fois terminé et *dûment cons-*
« *taté*, ordonnez, je vous prie, que les registres soient brûlés...

« Agréez, etc.   (*Moniteur* du 6 décembre.)

Mais le relevé des votes était « *dûment constaté* » !...

(1) Voici exactement les résultats du plébiscite dans l'armée d'après le rapport officiel de la commission de recensement.

Armée de terre		*Armée de mer*	
Votants	344.275	Votants	21.588
Oui	303.290	Oui	15.979
Non	37.379	Non	5.123
Nuls	3.626	Nuls	484

(*Bulletin des lois*, 1851, p. 1231.)

Cette forte proportion d'opposants dans l'armée étonne encore quand on sait que les électeurs militaires auraient pu être déterminés à voter pour le gouvernement à raison soit du respect de la discipline, soit de la publicité du scrutin, soit des souvenirs (à jamais glorieux pour l'armée) que le nom seul de Napoléon devait réveiller. Et cependant, certains, même de ceux qui votèrent *oui*, ne furent déterminés que par amour de l'ordre et haine de la démagogie.

Le général de Mac-Mahon commandait, à Oran, au moment du plébiscite. La majorité de l'armée vota *oui*, mais quand vint le tour des disciplinaires et des pionniers, ils votèrent tous *non*. Aussitôt, le bas peuple de la ville, précédé de drapeaux, vint en hurlant des chants démagogiques, les féliciter de leur indépendance. Le général voulait voter *non*, mais, comme il le confessa plus tard à l'Empereur, il vota *oui* pour ne pas voter avec ce qu'il y avait de plus mauvais dans l'armée et mériter les félicitations de la populace (1).

Dans les jours qui suivirent le coup d'Etat, le Ministre de la guerre avait impitoyablement réprimé les tentatives de résistance. La liberté de la presse et celle de réunion étaient supprimées ; l'état de siège était proclamé dans un grand nombre de départements.

C'est donc sous le régime de la Terreur qu'eut lieu le plébiscite du 21 décembre : il donna comme résultats : 7.439.241 *oui* contre 640.737 *non*.

Louis-Napoléon se préoccupa aussitôt de préparer la Constitution qu'il avait promise et, dans le préambule de

(1) Général du Barail, *Mes souvenirs*, t. I, p. 441 et 442.

cette Constitution promulguée le 14 janvier 1852, il réta-
blit le principe de la souveraineté populaire que les derniers actes de l'Assemblée législative avaient compromis. « Le peuple, disait-il, reste toujours maître de sa
destinée. Rien de fondamental ne se fait en dehors de sa
volonté. » En conséquence, le pouvoir était confié au
Président de la République qui l'exerçait avec le concours
de ministres nommés par lui et irresponsables. Il était
assisté du Sénat et du Conseil d'Etat dont il choisissait
les membres. Enfin, le peuple n'exerçait sa souveraineté
que par la nomination des députés au Corps législatif élus
pour six ans au suffrage universel et dont l'unique fonction était de voter les lois.

Le Président nomma aussitôt les membres du Sénat
et du Conseil d'Etat. Au Sénat, indépendamment des
huit amiraux et maréchaux, membres de droit d'après la
Constitution, il adjoignit vingt et un officiers généraux
des armées de terre et de mer (1); au Conseil d'Etat, il
fit entrer six officiers généraux (2). Pour obliger à se retirer tous les fonctionnaires publics hostiles au gouvernement et qui n'avaient pas été révoqués après le coup
d'Etat, on exigea d'eux, ainsi que de tous les officiers de
terre et de mer, le serment « d'obéissance à la Constitution et fidélité au Président » en vertu de l'article 14 de
la Constitution. Le refus ou le défaut de serment fut considéré comme une démission (3).

Afin de convoquer le Corps législatif, il fallait déterminer les conditions de l'élection de ses membres. C'est

(1) Décret du 26 janvier 1852.
(2) Décret du 25 janvier 1852.
(3) Décret du 8 mars 1852 et, pour les armées de terre et de mer, des
23 et 26 avril 1852.

ce que le gouvernement fit par le décret organique et par le décret réglementaire du 2 février 1852.

Aux termes du premier de ces actes, étaient électeurs tous les Français âgés de vingt et un ans accomplis, jouissant de leurs droits civils et politiques. La liste électorale, dressée dans chaque commune par le maire, comprenait, par ordre alphabétique :

1° Tous les électeurs habitant dans la commune depuis six mois au moins ;

2° Ceux qui, n'ayant pas atteint, lors de la formation de la liste, les conditions d'âge et d'habitation, devaient les acquérir avant la clôture définitive.

L'article 14, qui concernait les militaires, était ainsi conçu : « Les militaires en activité de service et les hom- « mes retenus pour le service des ports ou de la flotte, « en vertu de leur immatriculation sur les rôles de l'ins- « cription maritime, seront portés sur les listes des « communes où ils étaient domiciliés avant leur dé- « part... »

Ainsi, pour les militaires en activité de service, le lieu où ils devaient être inscrits sur les listes électorales était leur domicile de recrutement, et, par suite, on ne pouvait les rayer de la liste électorale de ce lieu, sous prétexte qu'ils n'y avaient pas leur domicile effectif (1).

____

(1) ..... Des dispositions particulières seront prises à l'égard des militaires de l'armée de terre et de l'armée de mer. Dans quelques départements, ils ne figurent pas sur les listes arrêtées en décembre, ou bien les maires n'y ont inscrit que ceux qui étaient portés sur les listes précédentes. La révision faite à cette époque n'a donc eu pour objet que les électeurs civils.

Afin d'assurer l'inscription de tous ceux qui y ont droit, vous prescrirez aux maires d'ajouter, s'il y a lieu, à la liste électorale, les noms des militaires et marins portés sur les listes antérieures au 20 décembre, et dont la position n'a pas changé. Ils inscriront également, d'après les

Mais que devait-on comprendre dans la qualification de *militaire en activité de service* ? A cet égard, il semble qu'il y avait lieu de se référer, sur ce point, aux lois d'organisation militaire.

La Cour de cassation, appelée à se prononcer dans certains cas particuliers, décida, par exemple, qu'il ne fallait pas considérer comme tels, les jeunes gens qui, appelés à concourir à la formation d'une classe, n'avaient pas été compris dans le contingent, à raison, par exemple, de leur qualité de soutiens de famille (1), mais que des militaires rengagés (2) et des militaires de la réserve (3), étaient en activité de service et que, par suite, l'article 14 du décret de 1852 s'appliquait à leur égard.

Il ne fallait pas, au contraire, considérer comme en activité de service les militaires de la garde nationale mobile créée par la loi du 1ᵉʳ février 1868, car cette loi disposait expressément que la garde nationale mobile

tableaux de recensement et les registres d'engagements volontaires, les jeunes gens qui seraient entrés au service depuis la clôture de ces listes. En outre, ils recevront, à toute époque, les réclamations des militaires et des marins, qui, présents dans la commune où est leur domicile électoral, demanderaient à être inscrits pour prendre part au scrutin.

Vous savez que le domicile électoral des militaires est le domicile légal de recrutement défini par l'article 6 de la loi du 21 mars 1832 et qu'aux termes de l'article 14 du décret organique, ils ne peuvent voter pour l'élection des députés qu'autant qu'ils se trouvent à ce domicile, au moment de l'élection.

Il est bien entendu que les militaires et marins devront produire, à l'appui de leurs réclamations, les pièces établissant leur position dans l'armée, et justifier qu'ils ont, dans la commune, le domicile électoral (Circ. du Min. de l'Intérieur, du 7 février 1852).

(1) Cass., 17 mars 1862, cité par Hérold, *Le droit électoral devant la Cour de cassation*, nᵒ 131. Voy. aussi Cass., 7 mai 1867, *ibid.* V. une décision contraire sous l'empire de la loi de 1830, *suprà*.

(2) Cass., 5 juin 1867 (D. 67.1.352).

(3) Cass., 1ᵉʳ août 1865 (D. 66.5.159).

ne pouvait être appelée à l'activité que par une loi spéciale (art. 3, § 2) (1).

La question était plus délicate à l'égard des gendarmes. Devait-on les considérer comme des militaires en activité de service et leur appliquer l'article 14 du décret de 1852, ou comme des fonctionnaires publics, et, par suite, les inscrire sur la liste électorale du lieu de leur résidence sans condition de durée ? La jurisprudence avait incliné pour cette dernière solution sous l'empire de la loi du 31 mai 1850, et il en fut de même après la promulgation du décret de 1852. La Cour de cassation les considéra donc, à plusieurs reprises, comme des fonctionnaires (2), ainsi que les gardes de Paris, qui appartenaient au corps de la gendarmerie (3). Mais cette jurisprudence ne fut pas absolument constante, puisque la Cour suprême décida, d'autre part, qu'on devait voir des militaires en activité de service dans les gendarmes vétérans (4), et même dans les gendarmes ordinaires (5). Cette dernière solution fut, d'ailleurs, isolée.

L'article 14 soulevait une autre difficulté dans son application. Fallait-il considérer comme rentrant exclusivement dans la catégorie des militaires en activité de service les officiers en service dans les corps de troupes, ou devait-on aussi y comprendre les officiers sans troupe détachés dans des services à poste fixe ? La Cour de cas-

---

(1) Hérold, n° 132.

(2) Cass., 6 mai 1862 (D. 64.5.118) ; 3 avril 1865, cité par Hérold, n° 133 ; 30 mars 1870 (D. 70.1.216) ; 26 avril 1870 (*ibid.*). En ce sens : *Journal de la Gendarmerie* du 21 janvier 1862.

(3) Cass., 30 mars 1870, précité.

(4) Cass., 23 mars 1863 (D. 63.1.136).

(5) Cass., 21 mars 1864, cité par Hérold, n° 134. En ce sens, Hérold, *loc. cit.*

sation décida qu'il n'y avait pas lieu de distinguer, ces différentes catégories de militaires étant visées par l'article 14.

Elle attribua, en conséquence la qualité de militaires en activité de service :

A des officiers attachés, soit à l'état-major d'une division ou d'une subdivision, soit à l'état-major des places (1) ;

A des officiers et sous-officiers de recrutement (2) ;

A des officiers comptables des hôpitaux militaires (3) ;

A des médecins militaires (4) :

A des intendants et sous-intendants militaires (5) ;

A des officiers et employés militaires attachés aux parcs de construction des équipages militaires (6) ;

A des officiers de marine et marins attachés au service des ports (7).

Mais cette jurisprudence de la Cour suprême fut en contradiction avec celle du Corps législatif, juge souverain en matière d'élections législatives. Cette assemblée décida, en effet, que les officiers sédentaires ou sans troupe sont dans une place à poste fixe où ils paient la contribution personnelle et mobilière, donc, c'est dans la commune de ce domicile qu'ils doivent être inscrits et voter, à la différence des officiers appartenant à des corps, lesquels ne sont admis à voter qu'à leur domicile origi-

(1) Cass., 3 avril 1865, Magallon, cité par Hérold, n° 133.
(2) Cass., 3 avril 1865, Azémard (S. 65.1.384).
(3) Cass., 24 mai 1865 (S. 65.1.383).
(4) Cass., 30 avril 1866, cité par Hérold, *loc. cit.* ; 30 mai 1870 (D. 71. 1.301).
(5) Cass., 17 juin 1868 (D. 69.1.298).
(6) Cass., 3 avril 1865, Rousseau, cité par Hérold, *loc. cit.*
(7) Cass., 23 avril 1866, cité par Hérold, *loc. cit.*

naire, au lieu où ils étaient domiciliés avant leur départ (1).

L'article 14 du décret de 1852, admettait l'inscription, sur les listes électorales, des militaires sous les drapeaux, mais il leur refusait le droit de voter pour les élections législatives. Son dernier paragraphe était, en effet, conçu ainsi : « Ils ne pourront voter pour les députés au Corps égislatif que lorsqu'ils seront présents, au moment de l'élection, dans la commune où ils seront inscrits. » Le même décret leur accordait, d'autre part, le droit de participer à l'élection du Président de la République, même étant sous les drapeaux (2).

En vertu de la qualité spéciale reconnue aux gendarmes par la jurisprudence, le Corps législatif décida que, la loi ne refusant pas aux gendarmes d'être électeurs, il n'y avait pas lieu de s'arrêter à une protestation d'électeurs d'une commune qui se plaignaient de ce que les gendarmes y avaient été admis à voter (3).

Quant à l'éligibilité, le décret de 1852 posait, en principe, que tous les électeurs, âgés de vingt-cinq ans, étaient éligibles sans condition de domicile : par conséquent, aucune inéligibilité n'atteignait les militaires, à raison de leur qualité. Une restriction était, cependant, faite pour certains officiers compris dans une catégorie de fonctionnaires qui ne pouvaient être élus dans tout ou partie de leur ressort, pendant les six mois qui suivaient leur destitution ou tout autre changement de leur position, c'étaient :

---

(1) Corps législ. Elect. de M. Curé, 19 novembre 1863, *Moniteur* du 20.

(2) Art. 53.

(3) Corps législ. Elect. de M. Lescuyer d'Attainville, 8 novembre 1863. *Moniteur* du 11.

Le commandant supérieur des gardes nationales de la Seine ;

Les officiers généraux commandant les divisions et subdivisions militaires ;

Les préfets maritimes (1).

Enfin le décret de 1852, déclarait encore toute fonction publique *rétribuée* incompatible avec le mandat de député, et déclarait le fonctionnaire élu démissionnaire s'il n'avait pas opté avant la vérification de ses pouvoirs (2).

Mais il fut décidé, par interprétation de cet article, lors de l'élection du général Lebreton, qu'un général placé dans le cadre d'activité de l'état-major général, ne pouvant cumuler cette position avec les fonctions de député, il n'y avait cependant lieu, si l'élection était validée par l'Assemblée, que de prononcer l'ajournement jusqu'à la prestation de serment (3).

En définitive, les militaires en activité de service n'étaient, depuis le décret de 1852, admis à voter qu'à titre exceptionnel. C'était là l'innovation considérable réalisée par ce décret, car, depuis la proclamation de la République, c'est-à-dire depuis 1848 jusqu'à la fin de 1851, ils avaient pris part aux élections avec les autres citoyens. Mais le décret de 1852, décidait qu'ils devaient être *inscrits* sur les listes électorales, et cette inscription avait une certaine importance car, pour être élus au premier tour de scrutin, les candidats au Corps législatif devaient réunir deux conditions : la majorité absolue des suffrages exprimés, et un nombre égal au quart de celui des électeurs *inscrits*.

L'inscription des militaires pouvait donc avoir une

(1) Art. 30.
(2) Art. 29.
(3) Corps législ. Elect. du général Lebreton, 6 mars 1854, *Moniteur* du 8.

certaine influence sur le résultat du scrutin, au moins au premier tour.

Mais il fallait, cependant, pour que l'omission des militaires inscrits dans le nombre des électeurs de la commune établi pour la fixation du quart des voix nécessaire pour l'élection au premier tour, pût entraîner l'annulation de l'élection que cette omission fût de nature à modifier le résultat (1).

Si l'armée ne prenait pas part aux élections législatives, elle participait, du moins, aux plébiscites. Après l'avoir consultée pour lui demander d'approuver le coup d'État, en 1851, Louis-Napoléon la consulta encore pour rétablir l'Empire. Le décret du 7 novembre 1852, qui convoquait le peuple pour adopter ou repousser le projet de rétablissement de la dignité impériale dans la personne de Louis-Napoléon Bonaparte, établissait, que le vote aurait lieu au scrutin secret par *oui* ou par *non*. Les électeurs des armées de terre et de mer, devaient voter sous la présidence du chef le plus élevé en grade dans le lieu de leur résidence, au moment du vote. Les états-majors et les équipages des bâtiments en partance, étaient admis à voter avant leur départ (2).

Le plébiscite fut adopté par 7.482.863 voix, contre 238.582 ; on comptait 58.862 bulletins nuls.

Les votes de l'armée se décomposaient ainsi qu'il suit :

Armée de terre		Armée de mer	
Votants	294.517	Votants	51.425
oui	280.195	*oui*	48.263
non	11.058	*non*	2.141
Bull. nuls . . .	3.264	Bull. nuls . . .	1.021

(1) C. législ. Élect. de **M**. Drouot, 9 novembre 1863. *Moniteur* du 10.
(2) Art. 8.

A la fin de l'Empire, le peuple fut encore consulté pour approuver ou rejeter les réformes libérales opérées dans la Constitution.

Le décret du 23 avril 1870, qui convoquait les électeurs, réglait le vote des militaires de la même façon que l'avait fait celui du 7 novembre 1852. Après rectification, les résultats du plébiscite qui furent publiés donnèrent 7.358.786 *oui*, contre 1.571.939 *non* et 113.978 bulletins nuls. Quant aux votes militaires, la commission de recensement les arrêta aux chiffres suivants ;

Armée de terre		Armée de mer	
Inscrits	337.129	Inscrits	32.037
Votants	335.707	Votants	30.410
oui	282.898	*oui*	23.895
non	48.975	*non*	6.009
Bull. nuls	3.834	Bull. nuls	506 (1)

C'était dans l'armée que l'Empire rencontrait la plus forte opposition. En effet, tandis que le vote du peuple avait donné la proportion de 14 0/0 de votes négatifs, celui de l'armée de terre donnait 14, 6 0/0 et celui de l'armée de mer, 20 0/0.

Cependant le gouvernement n'avait pas hésité à exercer sur l'armée, comme sur tous les électeurs qui dépendaient de lui, la plus énergique pression. Dans une circulaire signée de tous les ministres et adressée, le 24 avril, à tous les fonctionnaires de l'ordre civil et militaire, on lisait : « Voter *oui*, c'est voter pour la liberté. « Le parti révolutionnaire qualifie d'attentat contre la « souveraineté nationale l'hommage que l'Empereur rend « à la souveraineté nationale en consultant le peuple et « il conseille de voter *non*. Les vrais amis de la liberté,

(1) *Bulletin des Lois*, 1870, 1er sem., p. 677.

« malgré des dissentiments de détail, marcheront avec
« nous. Peuvent-ils ignorer que s'abstenir ou voter *non*,
« ce serait fortifier ceux qui ne combattent la transfor-
« mation de l'Empire que pour détruire, avec lui, l'orga-
« nisation politique et sociale à laquelle la France doit
« sa grandeur? Au nom de la paix publique et de la
« liberté, au nom de l'Empereur, nous vous demandons
« à vous tous, nos collaborateurs dévoués, d'unir vos
« efforts aux nôtres... »

Cette attitude du gouvernement, lors du plébiscite de
1870, fut celle qu'il ne cessa de prendre dans les élections
pendant toute la durée de l'Empire.

L'intervention du pouvoir sous toutes ses formes, dans
le but d'empêcher le triomphe des candidats de l'opposition eut, pour conséquence, d'altérer la sincérité des
consultations du suffrage universel.

Instructions aux agents du gouvernement, institution
de la candidature officielle, modification des circonscriptions électorales, établissement irrégulier des listes
électorales, corruption des électeurs, tous les moyens
étaient trouvés bons par le gouvernement, s'ils réussis-
saient (1).

Comment, sous un pareil régime, les soldats, dont la
discipline est le premier devoir, auraient-ils pu voter?

(1) Le 11 février 1852, M. de Persigny, Ministre de l'Intérieur, dans une
circulaire aux préfets, leur écrivait : « .....Prenez des mesures pour faire
« connaître aux électeurs de chaque circonscription, par toutes les voies
« que vous jugerez convenables, selon l'esprit des localités et, au besoin,
« par des proclamations affichées dans les communes, celui des candi-
« dats que le Gouvernement de Louis-Napoléon juge le plus propre à
« l'aider dans son œuvre réparatrice. » Quelques années plus tard, en
1857, l'Empereur lui-même écrivait au baron Mariani, candidat en Corse :
« Mon cher commandant, le Ministre de l'Intérieur a dû vous dire que
« j'avais décidé que vous seriez, en Corse, le candidat du Gouvernement.
« Vous pouvez donc le proclamer hautement, car je serais très heureux
« que la confiance des électeurs vous amène à la Chambre » (V. pour
d'autres détails, Weil, p. 191 et s.).

CHAPITRE V

GOUVERNEMENT DE LA DÉFENSE NATIONALE.

Après les douloureux événements qui avaient suivi la déclaration de guerre à l'Allemagne, en 1870, le gouvernement de la Défense nationale, dès les premiers jours de sa constitution, décida de convoquer les électeurs afin d'élire une Assemblée nationale qui se prononcerait sur la forme du gouvernement et la continuation de la guerre.

Le décret du 8 septembre 1870 convoquait les électeurs pour le 16 octobre et appliquait aux élections la loi du 15 mars 1849. Par suite, le décret du 15 septembre qui réglait le détail des élections, disposait dans son article 7 : « Les militaires, présents sous les drapeaux, vote- « ront pour l'élection des représentants du département « où ils sont inscrits comme électeurs. Les six premiers « paragraphes de l'article 62 de la loi du 15 mars 1849 « seront observés. Pour les militaires en campagne ou « faisant partie de la garnison d'une place en état de « siège, le vote aura lieu conformément aux dispositions « prises par le chef de corps ou le gouverneur de la « place. »

L'élection devait avoir lieu, par département, au scrutin de liste ; le scrutin n'était ouvert qu'un seul jour et au chef-lieu de canton. Les candidats ne devaient être

élus au premier tour, que s'ils réunissaient un nombre de
voix égal au huitième des électeurs inscrits. Mais, par
exception et à raison de la présence de l'ennemi sur le
territoire français, dans les départements envahis, le
vote devait avoir lieu à la majorité relative et être vala-
ble, quel que fût le nombre des votants.

Les élections avaient été fixées, dans toute la France,
au 16 octobre, mais, par décret du 16 septembre, le Gouvernement les avait avancées au 2 octobre. Quelques
jours plus tard, il les ajournait *sine die*, à raison des événements ; le décret du 22 septembre déclarait, en effet :
« De nouvelles dates seront indiquées, dès que les événements le permettront. »

De son côté, la Délégation de Tours, par décret du
24 septembre, ajournait les élections, puis, par décret du
1er octobre, les fixait au 16 octobre.

Dans ce dernier acte, elle fixait les conditions d'électorat et d'éligibilité à l'Assemblée conformément à la loi
du 15 mars 1849, et l'article 4, § 5 du décret était ainsi
conçu : « Le dernier paragraphe de l'article 62, qui sus-
« pend l'exercice du droit électoral pour les armées en
« campagne, est supprimé. »

Ce décret du 24 septembre, comme celui du Gouvernement de Paris, du 15 septembre, déclarant applicables
aux élections les dispositions de la loi de 1849, rendait
aux militaires le droit de vote. Mais, comme à cette époque, tous les soldats sous les drapeaux faisaient partie
d'armées en campagne, et que, d'autre part, la plupart
des citoyens étaient aux armées pour la défense de la patrie, il avait été nécessaire, pour donner à la consultation nationale le plus grand caractère de sincérité, d'a-

broger le dernier paragraphe de l'article 62 de la loi de 1849, et de restituer le droit de vote aux armées en campagne.

Les élections pour l'Assemblée n'eurent pas lieu en 1870, mais le Gouvernement procéda, au mois de novembre de cette année, à l'élection des maires et des adjoints de Paris. Par décret en date du 1er novembre 1870, les électeurs de la capitale étaient appelés à voter sur le maintien du Gouvernement et à élire les maires et adjoints et, par une proclamation du 2 novembre, les membres du Gouvernement faisaient connaître leurs intentions à la population parisienne : « Dans la situation actuelle », portait cette proclamation, « il ne saurait être « fait de distinction d'aucune sorte entre les défenseurs « de Paris ; il est donc bien entendu que la garde natio- « nale mobile et les armées de terre et de mer voteront « comme tous les citoyens. L'intérêt de la défense exige, « naturellement, qu'elles votent dans les lieux qui leur « seront désignés par l'autorité militaire. »

Le vote des électeurs civils et militaires de Paris fut favorable au Gouvernement qui reçut l'appui d'une importante majorité, puisqu'il recueillit 275.224 suffrages approuvant sa politique, contre 19.383 la blâmant.

Aussi pouvait-il dire, en proclamant les résultats du scrutin : « Nous y restons (à notre poste) avec la force qui vient de vous, avec le sentiment de grands devoirs que votre confiance nous impose (1). »

Le sort des armes avait favorisé l'Allemagne ; après Sedan et Metz, les armées françaises étaient détruites ou

(1) Garrigues, p. 59 et 60.

prisonnières en Allemagne, la capitale assiégée et réduite à la plus extrême détresse, l'ennemi au cœur de la France. Malgré l'héroïsme de ses enfants, la France ne pouvait continuer une lutte par trop inégale. Aussi, le 28 janvier 1871, un armistice fut conclu entre Jules Favre et Bismarck, pour permettre au Gouvernement de faire procéder à l'élection d'une Assemblée qui examinerait dans quelles conditions on pourrait signer la paix.

Un décret du Gouvernement de Paris du 29 janvier, fixa les élections au 5 février pour le département de la Seine et au 8 pour les autres départements, mais, le 2 février, la date en fut uniformément fixée au 8 pour toute la France.

L'article 9 du décret du 29 janvier, reproduisait les termes de l'article 7 de celui du 15 septembre 1870, pour le vote des militaires faisant partie des armées en campagne.

La délégation du Gouvernement qui s'était transportée de Tours à Bordeaux, avait aussi, par décret du 31 janvier 1871, fixé les élections au 8 février, mais elle avait créé des cas d'inéligibilité que ni la loi de 1849, ni le décret du 29 janvier du Gouvernement de Paris n'avaient prévus : par un décret spécial du 31 janvier, elle avait déclaré inéligibles à l'Assemblée tous les individus qui, du 2 décembre 1851 au 4 septembre 1870, avaient été ministres, sénateurs, conseillers d'État, préfets ou candidats officiels aux élections.

Cette mesure menaçait de compromettre la sincérité des élections ; elle fut signalée à Jules Favre par Bismarck, qui protesta, par une dépêche du 3 février, contre le décret de la Délégation, le déclarant en contradiction avec la convention d'armistice qui parlait d'une Assem-

blée *librement élue.* « Je m'adresse à la loyauté de Votre
« Excellence », écrivait le ministre prussien, « pour dé-
« cider si l'exclusion prononcée, en principe, par le décret
« en question contre des catégories entières de candi-
« dats est compatible avec la liberté des élections, telle
« qu'elle a été garantie par la convention du 28 janvier.
« Je crois pouvoir espérer, avec certitude, que ce décret,
« dont l'application me paraîtrait se trouver en contra-
« diction avec les stipulations de la convention, sera
« immédiatement révoqué et que le Gouvernement de la
« Défense Nationale adoptera les mesures nécessaires,
« pour garantir l'exécution de l'article 2, en ce qui con-
« cerne la liberté des élections (1). »

Jules Favre lui répondit, le 4 février, qu'il tenait le
décret de Bordeaux pour nul (2), et un décret du Gouvernement de Paris, du même jour, annulait expressément celui de la Délégation de Bordeaux sur les inéligibilités.

La Délégation de Bordeaux avait, dans un autre décret du 31 janvier, fixé les règles applicables aux élections, et l'article 18 de ce décret était ainsi conçu : « L'ar-
« ticle 62 de la même loi (du 15 mars 1849) est applica-
« ble aux armées en campagne. Sous les drapeaux, dans
« les armées ou dans les camps, les soldats, les mobiles,
« les mobilisés, les marins, tous ont le droit de voter et
« l'exercent dans les termes de cet article. »

(1) Supplément du *Moniteur officiel* du gouvernement général du Nord
de la France et de la Préfecture de la Seine-et-Oise (*Journal officiel
allemand*) du 4 février 1871.

(2) *Moniteur officiel* du gouvernement général du Nord de la France,
7 février 1871.

Les élections eurent lieu dans toute la France, le 8 février 1871. Les militaires y participèrent dans les termes de l'article 62 de la loi de 1849, combiné avec le décret du 29 janvier 1871 (art. 9) du Gouvernement de Paris et celui du 31 janvier 1871 (art. 18) de la Délégation de Bordeaux.

Tous ceux qui, à un titre quelconque, faisaient partie de l'armée, furent considérés comme électeurs militaires. Citoyens hâtivement enrôlés, anciens militaires rappelés sous les drapeaux, engagés pour la durée de la guerre, tels étaient les éléments de ces armées que le péril national avait fait lever contre l'envahisseur, la plupart des soldats réguliers étant prisonniers de l'Allemagne.

En principe, le vote des militaires devait avoir lieu conformément aux dispositions de l'article 62 de la loi de 1849, mais pour les armées en campagne ou les places en état de siège, le Gouvernement s'en remettait aux chefs militaires d'apporter, à ces règles, telles dérogations que nécessitaient les circonstances. Pour le vote de l'armée de Paris, le Ministre de la guerre arrêta, à la date du 31 janvier 1871, les dispositions suivantes : « Il est formé, « dans l'enceinte de la capitale, autant de sections élec- « torales militaires qu'il y a de départements. Cette me- « sure ne souffre d'exceptions que pour les départements « qui ne seraient pas représentés à Paris par, au moins, « cinq électeurs militaires.

« Pour ce département, les électeurs militaires remet- « tent leurs bulletins de vote cachetés au Ministre de la « guerre, avec un bordereau spécifiant à quel départe- « ment ces bulletins se rapportent. »

Les élections du 8 février 1871 sont le dernier exemple, que nous fournit l'histoire politique de la France, de la participation des militaires, présents sous les drapeaux, aux opérations électorales.

DEUXIÈME PARTIE

LA CONDITION POLITIQUE DES MILITAIRES DANS LA LÉGISLATION ACTUELLE.

Après avoir étudié, dans le passé, les institutions politiques de la France, au point de vue du système électoral en vigueur, sous les différents régimes, en ce qui concerne spécialement la condition politique des militaires, il nous reste à exposer les règles qui régissent, au même point de vue, les élections, dans l'état actuel de notre législation.

Depuis la Constitution de 1875, le système qui a prévalu dans nos lois consiste à admettre les militaires à la *jouissance* du droit de vote, mais à ne leur en accorder *l'exercice* qu'à titre exceptionnel.

Quant à l'éligibilité, aussi bien au cas d'élections politiques qu'à celui d'élections communales ou départementales, on a voulu soustraire l'armée aux conséquences des luttes des partis et on a retiré à ses membres le droit de solliciter les suffrages des électeurs.

Nous aurons donc à étudier, successivement, la situation des militaires au point de vue de l'électorat et de l'éligibilité, mais nous remarquerons que si les règles applicables à l'éligibilité, ayant varié suivant les différentes élections, doivent être exposées séparément, il n'en est plus de même en ce qui concerne l'électorat.

En cette matière, les règles sont, depuis longtemps, communes à toutes les élections.

CHAPITRE PREMIER

ÉLECTORAT.

SECTION I. — Capacité électorale.

La qualité d'électeur, aux termes du décret organique du 2 février 1852 (art. 12), appartient à *tout Français âgé de vingt et un ans et jouissant de ses droits civils et politiques*. Il faut donc en conclure que la réunion de ces trois conditions suffit à faire acquérir le droit de suffrage.

Mais comme, pour avoir le droit de voter, il ne suffit pas d'être électeur, il est encore nécessaire d'être inscrit sur la liste électorale, inscription qui ne s'obtient qu'en justifiant d'une certaine résidence, on s'est demandé s'il ne faudrait pas ajouter aux trois conditions dont nous avons parlé, une condition nouvelle, celle de résidence (1). La question n'offre aucun intérêt pratique. Aussi ne la discuterons-nous pas ; nous en renverrons l'examen au moment où nous traiterons de la liste électorale.

Les conditions à remplir pour être électeur sont :

1° La qualité de Français ;

2° L'âge de vingt et un ans ;

3° La jouissance des droits civils et politiques.

Les deux premières conditions ne retiendront pas notre attention, parce que la première est plutôt du domaine

(1) Chante-Grellet, *Traité des élections*, t. I, n° 89.

du droit civil que du droit constitutionnel et la seconde
est une pure question de fait (1). Il n'en sera pas de même
de la troisième que nous allons examiner rapidement.

La jouissance des droits civils et politiques appartient,
en principe, à tous les Français majeurs : par suite, tout
individu qui n'en aura pas été privé aura la capacité électorale. Cette privation résulte toujours, directement ou
indirectement, de condamnations judiciaires, les tribunaux ayant, seuls, dans les cas prévus par la loi, le pouvoir de retirer à un citoyen un des plus précieux de ses
droits.

Le législateur a pensé, en édictant des incapacités
électorales, qu'il était des cas où certains individus
s'étaient rendus indignes de jouir des droits politiques
et il a proportionné la peine à la faute en prononçant
l'incapacité tantôt à titre perpétuel, tantôt à titre temporaire.

C'est le décret du 2 février 1852 qui, dans ses articles 15 et 16, a énuméré les cas d'incapacités électorales
et, dans la nomenclature de ces cas, on en trouve certains qui s'appliquent spécialement aux militaires, ou
qui ne peuvent se présenter qu'à l'occasion de l'application de la loi de recrutement.

L'article 15 du décret de 1852 considère, en effet,
comme frappés d'incapacité électorale :

..... 12° Les militaires condamnés au boulet ou aux
travaux publics ;

13° Les individus condamnés à l'emprisonnement par
application des articles 38, 41, 43 et 45 de la loi du
21 mars 1832, sur le recrutement de l'armée.

---

(1) V. à ce sujet, Chante-Grellet, t. I, n° 91 et s. Pour la qualité de
Français, v. d'ailleurs, loi du 15 juillet 1889, art. 1 et 2.

Le premier de ces cas est spécial aux militaires, mais il faut remarquer qu'il n'exclut nullement l'application des autres paragraphes de l'article 15, les militaires pouvant être frappés d'incapacité dans les mêmes conditions que les autres citoyens. C'est ainsi que la condamnation prononcée par un conseil de guerre, pour crime d'intelligence avec l'ennemi (1) ou pour le délit de vol (2), entraîne l'incapacité électorale.

Le second cas vise, non des individus qui, étant militaires, ont encouru certaines condamnations graves, mais ceux qui ont essayé de se soustraire aux obligations militaires qui pèsent sur tous les citoyens. On pourrait être tenté de croire que, la loi du 21 mars 1832 ayant été successivement remplacée par celle du 27 juillet 1872, puis par celle du 15 juillet 1889, actuellement en vigueur, qui en ont, à peu près, reproduit les dispositions, il y aurait lieu, désormais, de substituer les délits prévus par les articles 69 à 74 et 77 de la loi de 1889 à ceux prévus par les articles 38, 41, 43 et 45 de celle de 1832. Mais ce serait oublier, que les incapacités sont de droit étroit et ne peuvent être étendues d'un cas à un autre, par analogie. Il faut donc conclure que, puisque la loi de 1832 est seule visée par le décret de 1851, il faut appliquer les dispositions de la loi de 1832 et de celle de 1889 dans ce qu'elles ont de conforme, mais que la loi de 1889 ne peut être appliquée en tant qu'elle constitue une aggravation des interdictions visées par le décret de 1852.

(1) Cass., 24 mars 1874 (D. 74.1.310).

(2) Cass., 5 mai 1885 (S. 85.1.454) ; — 7 février 1882 (D. 83.5.187) ; — 21 avril 1887 (S. 87.1.430). V. le réquisitoire du procureur général à la Cour de cassation sous Cass., 5 mai 1885, précité. — V. aussi Cass., 26 mars 1862 et 26 mars 1876, cités par Hérold, n° 64.

C'est ainsi que la Cour de cassation a décidé que, lorsqu'un individu a été condamné par application de la loi de recrutement de 1872, qui punit la simple tentative d'un délit, alors que sous l'empire du décret de 1852, cette tentative n'était pas réprimée, le délit consommé seul étant puni, il n'y a pas lieu de déclarer l'individu ainsi condamné, comme exclu des listes électorales (1).

Ajoutons que l'article 73, § 2 et 3 de la loi du 15 juillet 1889, a ajouté, aux dispositions du décret de 1852, un nouveau cas d'incapacité perpétuelle.

Cet article dispose, en effet : « Le condamné pour in« soumission ou désertion en temps de guerre sera, en « outre, privé de ses droits électoraux.

« Ces dispositions sont applicables à tout engagé vo« lontaire qui, sans motifs légitimes, n'est pas arrivé à « sa destination dans le délai fixé par sa feuille de « route. »

Le ministère de l'intérieur a fait dresser, en 1890, un tableau des incapacités électorales, dont nous extrayons les dispositions concernant spécialement les militaires :

(1) Cass., 17 mai 1881 (D. 81.1.481). — V. en ce sens : Chante-Grellet, t. I, n° 104 ; Greffier, *Formation et révision annuelle des listes électorales*, n° 53. — V. encore, Cass., 5 avril 1897 (S. 98.1.217).

Nomenclature, par ordre alphabétique, des crimes, délits et autres causes entraînant l'incapacité.	Nature et durée des peines emportant l'exclusion de la liste électorale.	Durée de l'exclusion.	Articles du décret organique qui prononcent l'exclusion.
Militaires condamnés au boulet ou aux travaux publics.	Quelle que soit la durée de la peine.	Perpétuelle	Art. 15, § 12.
Recrutement. — Jeunes gens omis sur les tableaux de recrutement par suite de fraudes ou manœuvres (L. du 21 mars 1832, art. 38 ; 27 juillet 1872, art. 60).	Emprisonnement quelle qu'en soit la durée.	Id.	Art. 15, § 13.
Recrutement. — Jeunes gens appelés à faire partie du contingent de leur classe qui se sont rendus impropres au service militaire, soit temporairement, soit d'une manière permanente, dans le but de se soustraire aux obligations imposées par la loi. Complicité. Refus de satisfaire aux obligations du service militaire et insoumission (L. 21 mars 1832, art. 41 ; 27 juillet 1872, art. 63 ; 15 juillet 1889, art. 73).	Id.	Id.	Id.
Recrutement. — Substitution ou remplacement effectué, soit en contravention à la loi, soit au moyen de pièces fausses ou de manœuvres frauduleuses. Complicité (L. 21 mars 1832, art. 43).	Id.	Id.	Id.
Recrutement. — Médecins, chirurgiens ou officiers de santé qui, déjà désignés pour assister au conseil de révision ou, dans la prévision de cette désignation, ont reçu des dons ou agréé des promesses pour être favorables aux jeunes gens qu'ils doivent examiner, ou qui ont reçu des dons pour une réforme justement prononcée (L. 21 mars 1832, art. 45, 27 juillet 1872, art. 66).	Id.	Id.	Id.

Pour les militaires, comme pour les autres individus frappés d'incapacité électorale, la prescription de la peine, la grâce ou la commutation de peine laisse subsister l'incapacité (1) Mais il n'en est pas de même de la réhabilitation ou de l'amnistie, qui rend au condamné les droits politiques dont il était privé (2).

Il faut, d'ailleurs, remarquer que, dans le but de tenir les maires au courant des incapacités électorales dont peuvent être frappés les électeurs de leur commune, les ministres de la justice, de l'intérieur, de la guerre et de la marine, ont convenu d'établir une sorte de casier électoral. Les greffiers des tribunaux correctionnels, des Cours d'assises et des tribunaux de commerce doivent dresser un bulletin de toute condamnation entraînant la privation du droit électoral, et l'adresser au sous-préfet de l'arrondissement du lieu de naissance du condamné.

Les circulaires du ministre de la guerre, du 6 décembre 1875 et du ministre de la marine, du 2 mars 1876, ont prescrit l'établissement de ces bulletins aux commissaires du gouvernement près les conseils de guerre et aux parquets des juridictions maritimes permanentes. Pour les conseils de guerre à bord et les conseils de justice, le relevé des condamnations est fait par les greffiers des tribunaux maritimes de Brest et de Toulon.

Le sous-préfet de chaque arrondissement centralise les bulletins de son arrondissement, et avise les maires des condamnations qui intéressent leur commune (3).

---

(1) V. Cons. d'Etat, 17 janvier 1879. Elect. de Recoules d'Aubrac, Lebon, p. 34.

(2) V. Cons. d'Etat, 26 novembre 1892. Elect. de Rougemontot, Lebon, p. 830.

(3) Greffier, n°s 69 et 70

SECTION II. — **Inscription sur la liste électorale.**

L'inscription sur la liste électorale est une condition de l'exercice des droits politiques puisque, pour pouvoir voter, il faut être inscrit sur la liste ; mais, si elle est nécessaire, elle n'est pas toujours suffisante, certains individus inscrits sur la liste électorale se trouvant privés du droit de vote qui est suspendu à leur égard : il en est ainsi, par exemple, des militaires, des détenus, des aliénés non interdits.

La liste électorale est établie par commune. Elle est permanente et doit être revisée, chaque année. Elle est dressée et revisée par une commission spéciale qui procède aux inscriptions et aux radiations, soit d'office, soit sur la demande des intéressés. Elle est, ensuite, publiée, et tout électeur inscrit sur l'une des listes de la circonscription électorale peut adresser une réclamation sur un registre spécial déposé à la mairie. Les réclamations sont jugées par une commission municipale et l'on peut interjeter appel de sa décision devant le juge de paix. Le jugement de ce magistrat peut être déféré à la Cour de cassation.

Il n'existait, jusqu'en 1870, qu'une seule liste électorale, commune aux élections politiques et aux élections municipales. Mais la loi du 14 avril 1871, dans son article 4, exigea des électeurs municipaux un domicile réel d'une année, au moins, dans la commune, tandis que le décret de 1852, toujours applicable aux élections politiques, considérait, comme suffisante, une résidence de six mois.

Il en résulta une distinction entre la liste électorale politique et la liste électorale municipale, distinction qui fut maintenue par la loi du 7 juillet 1874 sur les élections municipales (art. 1 et 5) et par la loi du 30 novembre 1875 sur les élections à la Chambre des députés (art. 1er). Cette dualité, qui ne paraissait pas justifiée, puisqu'en 1884, sur dix millions d'électeurs, il y avait une différence de 91.000 électeurs entre les deux listes, a cessé depuis la loi municipale du 5 avril 1884.

Aujourd'hui, il n'y a plus qu'une seule liste électorale, et l'on obtient son inscription sur cette liste par le domicile réel dans la commune ou une résidence de six mois au moins (1). L'une de ces deux conditions suffit, et le domicile réel n'est assujetti à aucune durée : par suite, ce peut être un domicile d'origine ou un domicile légal (2).

La loi de 1884 a admis des exceptions à la règle que nous venons d'énoncer, ce qui permet à des citoyens qui ne peuvent invoquer un domicile réel ou une résidence de six mois dans la commune, de solliciter leur inscription sur la liste électorale. Ceux qui peuvent bénéficier de ces exceptions sont les citoyens inscrits au rôle d'une des quatre contributions et qui, bien que ne résidant pas dans la commune, déclarent vouloir y exercer leurs droits électoraux, les Alsaciens-Lorrains naturalisés en vertu de la loi du 19 juin 1871, les fonctionnaires et les ministres des cultes.

Un officier de réserve qui ne remplissait pas les conditions de résidence et qui ne payait pas de contribu-

____

(1) Loi du 5 avril 1884, art. 14, 1º.

(2) Sur les conditions de domicile réel ou de résidence, V. Chante-Grellet, t. I, nº 108 et s. ; Dalloz, *Code des lois polit. et admin.*, Vº *Elections*, nº 888 et s. ; Greffier, nº 88 et s.

tions dans la commune, prétendait cependant que, puisqu'il y avait fixé son domicile, il y était électeur et éligible. Il affirmait en effet, que, comme officier de réserve
« astreint à la résidence obligatoire », il avait le caractère
de fonctionnaire public et pouvait invoquer les dispositions spéciales concernant cette catégorie de personnes.

Le Conseil d'État repoussa, avec raison, cette préten-
tion (1). Il faut, en effet, considérer comme fonctionnaire
public, ainsi que l'a déclaré la Cour suprême, « tout citoyen investi d'un caractère public et chargé d'un service
permanent d'utilité publique, qu'il soit, ou non, rétribué
par l'État » (2).

Or, un officier de réserve n'est, nullement, investi
d'une fonction publique permanente ; il n'est pas, d'autre
part, assujetti à la résidence obligatoire ; il est libre de
transporter son domicile ou sa résidence dans tout lieu
de son choix, mais les règlements militaires l'astreignent
uniquement à rendre compte aux autorités militaires de
ses changements de domicile ou de résidence.

Les militaires ont, comme les autres citoyens, la *jouissance* des droits politiques ; par suite, ils doivent être
inscrits sur les listes électorales.

A ce point de vue, le militaire sous les drapeaux doit
être considéré comme présent dans la commune. S'il est
déjà inscrit sur la liste électorale, au moment de son départ, il doit y être maintenu sans qu'il soit besoin d'une
demande de sa part. S'il n'est pas encore porté sur les
listes, il doit y être inscrit d'office, par la commission
administrative selon les règles ordinaires ; il peut l'être,
encore, sur la demande d'un tiers électeur. Du reste, s'il

(1) Cons. d'Et., 12 mars 1880, Elect. de Melun, Lebon, p. 296.
(2) Cass., 23 nov. 1874 (D. 75.1.71) ; 21 avril 1879 (D. 79.1.407).

veut être inscrit dans une commune où il est porté au rôle des contributions directes, il peut l'être sur sa demande.

Dans quelle commune le militaire en activité de service doit-il être inscrit? L'article 14 de la loi de 1884 reproduisant l'article 5, *in fine*, de la loi du 7 juillet 1874, dispose, dans son § 9 : « L'absence de la commune, ré-
« sultant du service militaire, ne portera aucune atteinte
« aux règles ci-dessus édictées pour l'inscription sur les
« listes électorales. »

Il faut combiner, d'autre part, cet article avec l'article 14 du décret de 1852 aux termes duquel : « Les mili-
« taires en activité de service et les hommes retenus
« pour le service des ports ou de la flotte, en vertu de
« leur immatriculation sur les rôles de l'inscription
« maritime, seront portés sur les listes des communes
« où ils étaient domiciliés avant leur départ. »

De ces dispositions, nous tirerons les conclusions suivantes : les militaires, en vertu de la loi de 1884, sont assujettis aux mêmes conditions que les autres citoyens pour leur inscription sur la liste électorale. Comme les militaires sont liés au service, soit par l'appel sous les drapeaux, soit par l'engagement volontaire, il y a lieu de distinguer ces deux catégories d'individus.

Appelés. — Si l'on envisage la situation d'un jeune appelé, exclusivement au point de vue des lois électorales, il résulte des textes que nous venons de citer qu'un Français, âgé de vingt et un ans et jouissant de ses droits politiques, sera inscrit sur la liste électorale de son domicile d'origine, s'il habite encore la commune où il est né, ou sur la liste de la commune où il a une résidence de six mois, s'il a quitté sa commune d'origine. Appelé, postérieurement, à remplir ses obligations militaires, il n'en restera pas moins inscrit sur la liste, son absence pour cause de service militaire ne pouvant avoir aucune influence sur son inscription.

Et, pour être maintenu sur la liste pendant son séjour sous les drapeaux, il n'aura pas besoin d'en faire la demande spéciale avant son départ ; ce maintien est de droit (1).

Si l'on combine ces principes avec les règles établies par la loi sur le recrutement, on voit que le domicile électoral et le domicile de recrutement sont, en général, communs. En effet, aux termes de l'article 10 de la loi du 15 juillet 1889, les jeunes gens sont inscrits sur le tableau de recensement du canton où leur père est domicilié lorsqu'ils sont parvenus à l'âge de vingt ans révolus, et c'est au chef-lieu de canton qu'ils tirent au sort. C'est un domicile légal qui dispense les jeunes gens de toute condition de résidence, celle-ci étant présumée.

C'est ce que la Cour de cassation a décidé par un arrêt rendu dans les termes suivants :

« Attendu que R... est militaire en activité de service « et que, aux termes du décret du 2 février 1852 (art. 14) « il doit être inscrit sur la liste électorale de la commune « où il était domicilié avant son départ ;

« Que par le mot *domicilié*, le dit décret a entendu le « domicile légal de recrutement, qui a déterminé l'ins- « cription au tableau de recensement ;

« Qu'il est constaté par un certificat du maire de la « commune de C... que R... a été inscrit sur la liste de « recrutement de cette commune ;

(1) Cass., 9 avril 1895 (S. 96.1.95).

« Que c'est donc conformément aux dispositions du
« décret que R... avait été porté sur la liste électorale,
« etc., etc. (1). »

Si, depuis le tirage au sort, le père de l'appelé a
transporté son domicile dans une autre commune, celui-
ci aura besoin d'une résidence effective de six mois dans
cette commune pour pouvoir y être inscrit sur la liste
électorale : ici, le domicile de recrutement et le domicile
électoral seront, donc, différents.

La Cour de cassation a même été plus loin et elle n'a
pas considéré comme nécessaire une résidence effective
de six mois avant le départ à l'armée, mais une résidence
*qui aurait eu une durée de six mois avant la clôture de la
liste électorale, si elle n'avait pas été interrompue par
l'appel sous les drapeaux.* C'est, en effet, ce qu'elle a
décidé par un arrêt du 3 août 1886, aux termes duquel le
soldat sous les drapeaux ne peut être inscrit sur la liste
électorale que tout autant que, au moment de son départ
pour l'armée, il avait, dans cette commune, soit son domicile réel, soit une résidence qui, sans cette absence,
aurait atteint avant la clôture des listes, une durée de
six mois (2).

Cette décision permet, ainsi, de compléter, pendant la
présence au corps, la durée de six mois de résidence exigée par la loi. On peut donc dire, d'une façon générale,
que les militaires appelés sous les drapeaux peuvent être
inscrits sur la liste électorale de la commune où ils
avaient, avant leur départ, soit leur domicile, soit leur
résidence et, pour employer les expressions mêmes de
la Cour de cassation, « l'absence d'un militaire *de la*

<hr>

(1) Cité par Rendu, *Code électoral*, n° 74.
(2) Cass., 3 août 1886 (S, 87.1.134).

commune qu'il habitait, au moment de son départ ne fait pas obstacle à ce qu'il soit inscrit, pendant qu'il est sous les drapeaux, sur les listes électorales de cette commune » (1).

Engagés volontaires. — A côté de ceux qui servent au titre d'appelés, il est une autre catégorie de militaires, d'ailleurs très nombreux, puisqu'elle comprend presque tous les officiers, c'est celle des militaires qui sont liés au service par un engagement volontaire. Ceux-ci se trouvant toujours sous les drapeaux avant d'avoir atteint l'âge de vingt et un ans, devront être inscrits, en vertu du décret de 1852, sur la liste électorale de la commune où ils ont leur domicile, au moment de leur départ, c'est-à-dire au domicile de leur père, mère, ou tuteur.

On peut donc dire, en règle générale, comme l'a fait le Ministre de l'intérieur, dans deux circulaires de l'année 1884, que tous les militaires en activité de service, se trouvant sous les drapeaux, soit en vertu de l'appel, soit en vertu d'un engagement volontaire, devront être inscrits sur la liste électorale de la commune de leur domicile de recrutement, dans le premier cas et du domicile mentionné sur leur acte d'engagement, dans le second cas (2).

Cette disposition s'applique à tous les militaires en activité de service, aux officiers comme aux hommes de troupe, et l'on peut se référer, à cet égard, au commentaire que nous avons donné de l'article 14 du décret du 2 février 1852, en étudiant la législation électorale en vigueur sous le second Empire (3).

(1) Cass., 26 nov. 1883 (S. 84.1.207).
(2) Circ. min. intér., 10 avril 1884, *Bull. min. int.*, 1884, p. 166 et 470.
(3) V. *suprà*, p. 106 et 107.

Nous n'examinerons pas ici quels sont les militaires en activité de service, l'inscription sur les listes électorales ne constituant, pour les militaires, qu'un droit dépourvu d'effet, la plupart du temps, et nous renverrons l'étude de cette question au moment où nous exposerons les cas où les militaires sont admis à voter. Remarquons, cependant, en passant que, pour leur inscription sur les listes électorales, les gendarmes qui, jusqu'en 1872, étaient considérés comme des fonctionnaires publics (1), sont considérés, depuis la loi du 27 juillet 1872, comme des militaires en activité de service ; ainsi, d'ailleurs, que les gardes de Paris et les sapeurs-pompiers de Paris.

Par suite, les militaires de ces catégories doivent être inscrits sur les listes électorales des communes où ils étaient domiciliés avant leur entrée au service (2).

Lorsqu'un militaire quitte le service actif, dans quelle commune peut-il se faire inscrire comme électeur ?

La question ne devrait pas se poser, puisque la loi du 5 avril 1884, comme celle du 7 juillet 1874, proclame que l'absence de la commune, résultant du service militaire, ne porte aucune atteinte aux règles édictées pour l'inscription sur les listes électorales.

Le militaire libéré devrait donc, en général, être inscrit dans la commune, sur les listes de laquelle il a été porté avant son départ. Mais il arrive souvent que, par négligence, le militaire sous les drapeaux n'est pas maintenu sur les listes électorales, pendant son absence ; il y a lieu, dans ce cas, pour lui, de solliciter son inscription après sa libération.

Le militaire qui, avant son départ pour l'armée, avait,

____

(1) V. *suprà*, p. 106.
(2) Circ. Min. guerre et marine, *Bull. min. intér.*, 1873, p. 211.

dans une commune, soit son domicile réel, soit une résidence de six mois, a droit à son inscription sur la liste électorale de cette commune, quand il y revient après sa libération.

On ne saurait refuser de l'inscrire sous prétexte que, depuis son retour, il n'a pas une résidence de six mois dans la commune.

La Cour de cassation l'a ainsi décidé à l'égard d'un militaire qui avait contracté un rengagement de sept années et qui, après sa libération, s'était retiré dans la commune de son ancien domicile où il venait, d'ailleurs, passer le temps de ses permissions pendant qu'il était en activité de service. Elle a considéré, avec raison, que le temps passé sous les drapeaux n'ôte point à la résidence dûment constatée son caractère consécutif et compte pour l'établissement de la durée nécessaire à l'exercice du droit d'élection (1).

Ainsi, le militaire a-t-il satisfait à la loi de recrutement dans la commune où il est né, il doit être inscrit dans cette commune lorsqu'il est libéré, s'il n'a pas perdu ce droit en fixant sa résidence dans une autre commune (2).

On ne saurait contester ce droit à un militaire libéré, par exemple à un marin, en objectant que, depuis treize ans qu'il a quitté sa commune, il n'a pas constamment navigué et a dû passer une partie de son temps à terre. Si, en effet, le marin est resté à terre, en service, il a continué à être en activité de service et a conservé son droit à l'inscription dans sa commune. S'il a passé un certain temps en congés, il faudrait établir, pour le dé-

_____

(1) Cass., 11 mai 1875 (S. 75.1.276). V. aussi Cass., 9 juillet 1883 (D. 84. 5.206).

(2) Cass., 13 avril 1881 (S. 82.1.379) ; 6 mai 1884 (S. 85.1.31).

clarer déchu, qu'il a passé ses congés dans une autre commune, que leur durée a été assez longue pour satisfaire aux conditions de résidence prescrites pour que le marin pût devenir électeur dans cette commune, et, enfin, qu'il a eu l'intention de renoncer à son domicile de départ (1).

Le militaire avait-il quitté son domicile d'origine au moment où il a satisfait à la loi de recrutement et avait-il une résidence de plus de six mois dans une autre commune au moment de son départ, c'est dans cette commune qu'il sera inscrit lors de sa libération, s'il s'y retire (2).

Il ne pourrait solliciter son inscription sur la liste de la commune où il est né, avant d'y avoir une résidence de six mois, depuis sa libération (3).

Mais le militaire peut se retirer dans une commune autre que celle où il résidait avant son départ : dans ce cas, il devra, pour son inscription sur la liste électorale, remplir les mêmes conditions que les autres citoyens, c'est-à-dire acquérir une résidence de six mois depuis sa libération (4).

Il n'est même pas nécessaire que le point de départ de cette résidence soit la libération du militaire, car on peut supposer une interruption de service actif d'une durée suffisante pour lui faire acquérir une résidence de six mois : tel serait le cas d'un jeune soldat pourvu d'un congé de plus de six mois, qui l'aurait passé dans une

(1) Cass., 6 mai 1884, précité.
(2) Cass., 9 mai 1898 (S. 99.1.287).
(3) Cass., 24 avril 1877 (S. 77.1.430).
(4) Cass., 22 mai 1888 (S. 89.1.31).

commune autre que celle où il résidait, lors de son appel sous les drapeaux et qui, une fois libéré, invoquerait la disposition de l'article 14, § 9, de la loi de 1884, pour demander son inscription dans cette commune, sans y avoir résidé six mois (1).

On peut aussi se demander si le militaire libéré ou en retraite, peut réclamer, sans condition de résidence, son inscription sur la liste électorale de la commune où il a rempli ses obligations militaires, en invoquant le temps passé sous les drapeaux, dans cette commune.

Cette question est fort importante, car elle intéresse tous les militaires de profession, les officiers et les gendarmes notamment, qui, après leur mise à la retraite, ne voudront pas toujours se retirer dans leur commune de départ où ils n'auront peut-être plus aucun intérêt.

Le Conseil d'Etat et la Cour de cassation, appelés à se prononcer sur cette question, lui ont donné des solutions contraires.

Le Conseil d'Etat a décidé, au moins implicitement, que, pour déterminer si un ancien militaire a, dans une commune, la durée de résidence nécessaire pour acquérir le droit d'être électeur, il ne peut être tenu compte du temps où, étant en activité de service, il habitait cette commune (2).

La Cour de cassation, au contraire, a pensé que « si l'absence d'un militaire de la commune qu'il habitait au moment de son départ ne fait pas obstacle à ce qu'il soit inscrit, pendant qu'il est sous les drapeaux, sur les listes électorales de cette commune, et que, même il s'y fasse inscrire, à son retour, sans nouvelle et effective résidence,

(1) Cass., 26 avril 1888, cité par Greffier, n° 196.
(2) Cons. d'Et., 12 mars 1880 (D. 81.3.104).

pendant le temps fixé par la loi, il ne s'ensuit pas qu'après sa libération, il ne puisse obtenir son inscription sur les listes d'une autre commune où il a résidé réellement, pendant la durée de son service militaire, et où il n'a cessé de résider depuis sa mise à la retraite jusqu'au jour de la révision des listes électorales (1) ».

La fiction, qui a pour but de laisser le militaire, en activité de service, inscrit sur la liste électorale de sa commune de départ, est, en effet, une faveur qui ne doit pas être retournée contre lui, lorsqu'il ne veut pas en profiter.

En quittant le service, le militaire peut invoquer, à son choix, ou le bénéfice de sa résidence fictive ou sa résidence réelle, comme tout autre citoyen. S'il réclame son inscription en vertu de sa résidence réelle, il lui suffit de justifier d'une durée de six mois dans la commune où il veut exercer ses droits de citoyen, pourvu que, si la résidence a commencé pendant la durée de son service militaire, elle se soit continuée, sans interruption, depuis sa libération.

SECTION III. – **Droit de vote des militaires.**

Les militaires ne prennent part à aucune élection lorsqu'ils sont présents au corps. Ce principe, aujourd'hui incontesté, et qui, depuis 1870, a été, à plusieurs reprises proclamé dans nos lois, a rencontré des adversaires convaincus.

(1) Cass., 26 nov. 1883 (S. 84.1.437). — V. aussi tribunal de paix de Murato (Corse), 19 mars 1883, sous Cass., 28 mai 1883 (D. 83.1.389). En ce sens : M. Chavegrin, Cours de 1898-1899, Faculté de Droit de Paris.

La première fois qu'il apparut dans notre législation, ce fut dans un projet de loi électorale et non sans une certaine timidité. Après la proclamation de la République, on avait, pour les élections à l'Assemblée Nationale, remis en vigueur la loi électorale de 1849, en lui faisant subir, par décret du Gouvernement de la Défense Nationale, quelques modifications nécessitées par les circonstances. L'armée avait pris part au vote, et même l'armée en campagne, ce que le législateur de 1849 n'avait pas cru devoir admettre. Cette législation n'était que provisoire.

Aussi, dès le commencement de l'année 1871, deux membres de l'Assemblée présentèrent, à la date du 18 avril, une proposition de loi relative aux règles applicables à toutes les élections. Les auteurs de cette proposition, MM. Paul Jozon et Charles Rolland, n'osèrent pas refuser expressément aux militaires, le droit de vote ; ils reproduisirent l'esprit du décret de 1852 en en tempérant les conséquences.

L'article 11 de leur proposition était ainsi conçu : « Les militaires ou marins en activité de service, sont inscrits sur la liste de la commune où ils résidaient lorsqu'ils sont entrés au service et ne peuvent voter que dans cette commune.

Néanmoins, les militaires ou marins en disponibilité, ceux qui sont placés en résidence fixe, ceux qui font partie de la réserve, peuvent être inscrits sur la liste électorale de la commune dans laquelle ils ont leur résidence (1). »

(1) *Journ. off*. du 26 avril 1871, p. 768. — Une proposition de loi fut présentée, dans le même but, à l'Assemblée Nationale par un autre de ses membres, M. Margaine, le 8 mars 1872. Elle était ainsi conçue : « L'article 9 du décret du gouvernement de la Défense Nationale, en date du

Cette proposition de loi n'ayant pas été adoptée, les élections restèrent, jusqu'en 1875, soumises, à part quelques modifications de détail, aux règles posées par la loi de 1849. C'est dans la loi sur le recrutement de l'armée qu'il est, pour la première fois, question d'interdire le vote aux soldats.

§ 1. — Loi du 27 juillet 1872.

Après la guerre de 1870, on était, généralement, d'avis en France, qu'une grande partie de nos désastres venait des défauts d'organisation de l'armée. Aussi la réorganisation des forces militaires fut-elle une des premières préoccupations de l'Assemblée. Une commission de quarante-cinq membres fut chargée de présenter un ensemble de dispositions législatives sur le recrutement et l'organisation des armées de terre et de mer ; elle comprenait seize membres, officiers généraux ou officiers supérieurs de ces armées.

Plusieurs systèmes furent soumis à la commission : les uns voulaient une armée puissante par son esprit de corps et son instruction militaire, les autres préféraient

29 janvier 1871, est rapporté et remplacé par l'article suivant : Article 9 nouveau — Les militaires en activité de service et les hommes retenus pour le service des ports ou de la flotte, en vertu de leur immatriculation sur les rôles de l'inscription maritime, seront portés sur les listes des communes où ils étaient domiciliés avant leur départ.

« Ils ne pourront voter que lorsqu'ils seront présents, au moment de l'élection, dans la commune où ils sont inscrits. » *Journ. off.*, 20 mars 1872, p. 1980.

La commission chargée d'examiner cette proposition, tout en reconnaissant les améliorations qu'elle apportait au système en vigueur, l'écarta parce qu'une loi électorale était à l'étude, et parce que la loi sur le recrutement, alors en préparation, retirait le droit de vote aux militaires, *Journ. off.*, 2 mai 1872, p. 2936.

un séjour plus court à la caserne, mais une instruction militaire plus générale (ce qu'on a appelé *la nation armée*).

Mais les défenseurs de ces deux systèmes si opposés attribuaient, unanimement, le succès de l'Allemagne, au relâchement de la discipline dans l'armée française.

L'auteur d'une des propositions de loi sur le recrutement, le général Martin des Pallières, écrivait, dans son exposé des motifs : « Sans une discipline inflexible qui, « peu à peu, impose le respect du devoir, sous quelque « forme qu'il se présente et son accomplissement en « toute occasion, il n'y a pas d'armée. »

C'est ce que le rapporteur de la loi, le marquis de Chasseloup-Laubat, exprimait, à son tour, en ces termes :

« Plus ses institutions (d'une société) sont fondées sur « les principes de la démocratie, plus il lui faut l'obéis- « sance au supérieur, qui est la discipline militaire, la « soumission à la loi, qui est la discipline civile, enfin, « plus il lui faut — osons-le lui dire — la sévérité pour « tout ce qui viole les règles qu'elle s'est, elle-même, « imposées ; l'ordre et la liberté ne sont qu'à ce prix. »

Quatre propositions de loi sur le recrutement de l'armée furent déposées, en 1871, sur le bureau de l'Assemblée et leurs auteurs, bien que voulant assurer, par des moyens différents, le recrutement et l'organisation de l'armée, retiraient tous, au nom de la discipline, le droit de vote aux militaires.

La première en date, celle du marquis de Mornay, déposée le 12 avril, gardait le silence au sujet du vote des militaires de l'armée active, mais on pouvait supposer qu'elle le leur refusait, puisque, pour les militaires de la réserve, elle déclarait expressément qu'ils en avaient l'exercice. Aux termes de l'article 41, § 1, de cette proposition : « Les militaires de la réserve pourront exercer « tous les droits politiques du citoyen (1). »

La seconde, celle du général Martin des Pallières, était plus précise, car son article 19 disposait : « Nul ne « peut être électeur, s'il n'a *terminé* son temps de service « dans l'armée active (2). »

Le général Chareton, à son tour, déposa, le 18 juillet, une proposition de loi qui contenait les dispositions suivantes :

ART. 25, *in fine.* — « Le service dans l'armée active est « incompatible avec l'exercice des droits électoraux ; la « loi réglera ce mode d'exercice pour les officiers et les « employés militaires en service actif (3). »

« ART. 50. — Les soldats de l'armée *de soutien* jouis- « sent de tous les droits de citoyen..... »

« ART. 53. — Pendant les manœuvres annuelles et en « cas de mise en activité, l'armée de soutien est soumise « aux lois et à la discipline militaire comme l'armée ac- « tive..... »

« Art. 62. — Les officiers servant au titre auxiliaire « et les sous-officiers et soldats de l'armée de réserve « jouissent de tous les droits de citoyen, sans restric- « tions.... (4). »

Le général Chareton motivait ces dispositions par les raisons suivantes : « Il considérait comme un danger « politique et social le vote des citoyens armés, parce

(1) *Journ. off.*, 25 avril 1871, p. 755.
(2) *Id.*, 29 avril 1871, p. 824.
(3) *Id.*, 14 août 1871, p. 2695.
(4) *Id.*, 15 août 1871, p. 2708.

« que son exercice entraînait le droit de réunion qui est
« la négation de toute discipline ; et il rappelait qu'en
« 1870, la Prusse avait connu nos effectifs par le vote du
« plébiscite (1). »

La dernière proposition, celle déposée le 9 août, par
M. Farcy, admettait également la suspension du droit
électoral pour les militaires, dans son article 4 ainsi
conçu : « Le soldat ne pourra se marier *et voter* que lorsqu'il aura été incorporé dans la garde mobile (2). »

Enfin, la commission accepta le principe contenu dans
toutes ces propositions, dont deux émanaient même de
militaires, et le présenta dans l'article 5 de son projet,
dans les termes suivants : « Les hommes, sous les drapeaux ne prennent part à aucun vote. » Le rapporteur
affirmait que la commission n'entendait trancher aucune
des questions qu'une loi électorale pourrait soulever,
mais que c'était, surtout, au point de vue de la discipline,
que le projet de loi s'était placé. « Il n'est pas bon, disait-
« il, que des militaires, soumis à leurs supérieurs hiérar-
« chiques dans les actes qu'ils ont à accomplir au corps,
« se trouvent, à un jour donné, leurs égaux, peut-être
« leurs adversaires, sans cesser, en somme, pourtant
« d'être sous leurs ordres... »
A cet argument, il en ajoutait d'autres tirés du vote
des militaires : on pouvait craindre que ceux-ci, éloignés
de leurs familles, ne puissent se renseigner sérieusement
pour voter en connaissance de cause et n'eussent recours
aux renseignements que leur offriraient, avec empresse-

_____

(1) *Id* , 17 août 1871, p. 2733.
(2) *Id.*, 19 octobre 1871, p. 4051.

ment, des agents électoraux. Enfin, le fait que les militaires votaient à part des autres citoyens, pouvait contribuer à égarer l'opinion publique, en lui faisant donner, aux suffrages de l'armée, des causes le plus souvent erronées, selon qu'elle avait été favorable à tel ou tel parti politique. Et le rapporteur terminait par cette conclusion :

« Aussi, indépendamment des périls qu'il fait courir à
« la discipline, le vote des militaires sous les drapeaux
« a de graves inconvénients.

« Laissons donc l'armée à sa pure et belle mission ;
« que les hommes, dont elle est composée, n'aient à s'oc-
« cuper que de se perfectionner dans leur art, dans leur
« métier ; ne lui donnons pas un rôle politique, elle ap-
« partient au pays tout entier ; c'est en cela qu'elle est
« grande. Ne la rapetissons pas à la taille des par-
« tis (1). »

L'article 5 dont le texte avait été modifié par la commission qui remplaça l'expression *les hommes sous les drapeaux* par celle-ci : *les hommes présents au corps*, fut vivement combattue lors de la deuxième délibération.

M. Edouard Millaud, après avoir reconnu que le vote des militaires pouvait avoir les plus fâcheux inconvénients, puisqu'au 2 décembre 1851, l'armée avait été conduite aux urnes par ses généraux et qu'on avait affiché son vote pour influencer le pays, demanda, cependant, la suppression de l'article.

Il affirmait qu'on ne pouvait être privé du droit de vote que pour incapacité ou indignité et, confondant la suspension de l'exercice d'un droit avec la privation de ce

____

(1) *Journ. off.*, 6 avril 1872, p. 2385.

droit, il voulait voir une assimilation des militaires aux indignes, en vertu de l'article 5.

« Quoi, s'écriait-il, il n'y a rien de plus grand, de plus beau que de défendre son pays ; nous sommes unanimes à déclarer qu'aucun honneur ne doit être plus grand ni plus envié que d'être incorporé dans l'armée, et c'est pour cela même que vous venez de déclarer le service obligatoire ; cependant, (conséquence imprévue !) alors que les articles 34 et 42 du Code pénal privent du droit de vote ceux qui ont été condamnés, on vous propose d'assimiler à une condamnation le plus grand honneur ! A mon avis, cela ne peut pas être et vous ne l'écrirez pas dans votre loi (1). »

Refuser le droit de vote aux militaires, c'était, suivant lui, une inégalité et un danger : une inégalité, parce que les militaires sont des citoyens, un danger, *parce que la suppression du droit de vote donne naissance aux conspirations militaires* ; les soldats conspirent, « parce qu'ils n'ont pas le moyen d'exprimer légalement leur pensée », et M. Millaud citait comme preuve de son affirmation, les conspirations de Cadoudal, du général Mallet, des quatre sergents de la Rochelle...

Le marquis de Chasseloup-Laubat, rapporteur de la loi, répondit à M. Millaud que la commission n'avait pas entendu traiter les soldats comme des indignes, qu'elle ne voulait pas leur retirer le droit d'être électeurs, mais que, pour la discipline, pour le bon ordre de l'armée, elle ne voulait pas que les soldats et les officiers, sous les drapeaux, prissent part à des votes. Mais, la question de discipline à part, la commission estimait que la solution

____

(1) *Journ. off.*, 31 mai 1872, p. 3635, séance du 30 mai.

à donner à la question de l'électorat ou à celle de l'éligibilité des militaires, n'était pas du domaine d'une loi de recrutement et ne devrait être tranchée que par la loi électorale.

Le gouvernement, par l'organe du général de Cissey, ministre de la guerre, s'associa pleinement aux conclusions de la commission et aux paroles du rapporteur : « L'article de votre loi, disait le Ministre, ne supprime aucunement les droits de citoyen pour le soldat ; dès qu'il est dans ses foyers, il rentre dans la plénitude de ses droits et il vote comme citoyen. Mais le soldat sous les armes n'est que le soldat de la loi ; il doit rester étranger à tous les partis et à toutes les luttes politiques, il doit être la force au service de la loi (1). »

Le général Ducrot approuvait le Ministre en ajoutant : « Je ne veux point que le soldat sous les drapeaux puisse voter, parce que ce serait attentatoire à l'autorité morale que les chefs doivent avoir sur leurs subordonnés. Le vote est un élément de discorde et de désunion dont nous n'avons pas besoin dans l'armée (2). »

Enfin, bien que M. Rouvier eût demandé l'ajournement de la question, jusqu'à la discussion de la loi électorale, pour ne pas retrancher 400.000 électeurs, l'article 5 fut voté par 628 voix contre 35.

Ses adversaires renouvelèrent leurs attaques, lors de la troisième délibération. Le baron Chaurand propose de lui substituer la rédaction suivante :

« Tout vote dans un corps de troupe est expressément défendu. Les hommes faisant partie de l'armée, ne peu-

(1) *Journ. off.*, 31 mai 1872, p. 3637, séance du 30 mai.
(2) *Journ. off.*, 31 mai 1872, p. 3637, séance du 30 mai.

vent prendre part aux élections que dans la commune où ils sont inscrits sur les listes électorales. »

L'auteur du nouvel article prétendait être de l'avis de la commission, mais il croyait que celle-ci avait dépassé le but et que l'adoption de l'article 5 aurait pour conséquence de préjuger une question que la commission, chargée de préparer la loi électorale, n'avait pas encore résolue. Il pensait que si le vote au corps avait des inconvénients, il n'en était pas de même du vote des militaires présents au corps, mais isolés, comme les gendarmes, les médecins militaires, les intendants.

L'amendement, combattu par le Ministre de la guerre, fut repoussé (1).

Cependant, un autre membre de l'Assemblée, M. Jouin, reprit, à ce moment, les arguments qui n'avaient pu triompher à la seconde délibération. Il combattit, avec une grande énergie, les raisons qu'avaient présentées, en faveur de l'article 5, le rapporteur et le Ministre de la guerre et déclara que, élu par tous les électeurs de son département, les soldats comme les autres citoyens, il ne se reconnaissait pas le pouvoir de voter une disposition qui pût porter atteinte aux droits d'un seul de ses mandants.

Après avoir exposé cette théorie, pour le moins bizarre, des pouvoirs du législateur, M. Jouin fit remarquer à l'Assemblée qu'en 1848 et 1849, ni l'Assemblée Constituante, ni l'Assemblée Législative n'avaient retiré aux soldats, sous les drapeaux, le droit de vote.

C'était dans le décret de 1852 qu'on trouvait l'origine des mesures proposées, et encore, l'auteur de ce décret

____

(1) *Journ. off.*, 26 juillet 1872, p. 5100 et 5101, séance du 25 juillet

n'avait pas osé faire ce qu'on voulait réaliser par la nouvelle loi.

« Ainsi, disait-il, c'est dans un décret impérial que
« vous trouvez la première pensée de l'article que vous
« allez voter aujourd'hui ; mais vous n'y trouvez pas le
« texte qu'on veut vous faire adopter, vous y trouvez, au
« contraire, le respect du droit du soldat quand il se
« trouve en garnison dans le lieu où il a son domicile, et
« surtout on ne lui enlève pas le droit de vote pour les
« questions capitales, pour les questions constitution-
« nelles, par exemple, quand il s'agit de l'élection du
« Président de la République, ou d'un plébiscite. »

Passant du principe même de l'article 5 à ses conséquences, il les trouvait déplorables. En effet, chaque
année, 300.000 jeunes gens environ tirant au sort, il y en
aurait 150.000 qui seraient appelés sous les drapeaux et
150.000 qui resteraient dans leurs foyers, les infirmes,
les boiteux, les borgnes, les aveugles.

Or, l'adoption de l'article 5 aboutirait à ce résultat que,
les 150.000 jeunes gens valides qui seraient à l'armée
ne voteraient qu'à vingt-cinq ans, tandis que les infirmes
seraient en possession du droit de vote depuis vingt et un
ans. Un exemple, qu'il empruntait à de récentes élections,
lui servait à montrer de quelle importance était le vote de
l'armée qui pouvait déplacer les majorités (1). Sur

---

(1) « Rappelez-vous, en effet, ce qui s'est passé, tout dernièrement, au
mois de février, dans le département du Nord. Il s'est produit là un fait
bien remarquable. L'opération électorale, tout d'abord, a donné une majorité à MM. Dupont et Bergerot ; le premier jour, ils étaient considérés
comme élus, et leur nomination était annoncée à l'*Officiel*. Le lendemain
ou le surlendemain, le dépouillement des votes de l'armée modifiait la
majorité ; M. Bergerot n'était plus élu : c'était M. Deregnaucourt qui,
grâce aux suffrages de l'armée, obtenait 150 voix de majorité sur son con-

10 millions d'électeurs, l'armée, comprenant 4 à 500.000 hommes, représentait donc le vingtième du corps électoral ; c'était le mutiler et, au lieu d'avoir la véritable source de l'autorité et de la souveraineté, le suffrage de tous, on n'avait plus que le suffrage d'un certain nombre.

M. Jouin, terminait en adjurant ses collègues de repousser l'article 5. Reprenant les paroles prononcées par le ministre la guerre, lors de la seconde délibération, il disait : « Ce que je demande aussi, moi, et ce que nous demandons tous, c'est que l'armée soit la force au service de la loi. Or, pour que l'armée soit la force au service de la loi, je demande qu'elle reste ce qu'elle est. Est-ce que l'armée n'est pas, en ce moment, une force au service de la loi ? Est-ce qu'elle n'a pas montré un admirable dévouement ? Est-ce qu'elle n'est pas dévouée à la loi à laquelle elle concourt en nommant ceux qui sont chargés de la faire ? Est-ce que l'armée n'est pas dévouée à l'Assemblée nationale, où elle voit siéger ses chefs les

current, et les deux candidats définitivement élus et proclamés furent MM. Dupont et Deregnaucourt.

Si ma mémoire est exacte, M. Clément était le rapporteur de cette élection, qui fut validée pour M. Dupont et annulée pour M. Deregnaucourt. Par suite de cette annulation, le département du Nord fut appelé à se prononcer solennellement et à montrer clairement sa volonté, et vous savez comment il l'a fait. M. Deregnaucourt, pour la deuxième fois, a été nommé avec 40.000 voix de majorité, il siège aujourd'hui dans cette Assemblée et est notre collègue. Eh bien, Messieurs, ce fait n'est-il pas d'une gravité énorme ? Comment ! si vous aviez supprimé le vote de l'armée dans le département du Nord, ne voyez-vous pas que vous auriez faussé la balance, que vous n'auriez pas, aujourd'hui, l'expression vraie du vote du département ? Croyez-vous que ce soit peu de chose que de supprimer, dans un département, 3.700 électeurs, tout près de 4000 ? Mais, en supprimant ces 4.000 électeurs, vous faussez la balance ! Au lieu d'avoir quelque chose d'exact, de sincère, de vrai, vous n'avez plus la véritable expression de la volonté du pays ».

(*Journ. off.*, 26 juillet 1872, p. 5103, séance du 25 juillet.)

plus chers et les plus respectés? Pourquoi donc changer ce qui est? Ah! Messieurs, ne commençons pas, par l'armée, la mutilation du suffrage universel. Ne commençons pas, par l'armée, la série de ceux qui doivent être, à leur tour, déshérités de leur droit de suffrage. Gardons-nous de recommencer la faute du 31 mai ; ne donnons pas à tous ceux que nous aurions le malheur de priver de leur droit de suffrage, le droit de le revendiquer. Ne mettons pas, entre leurs mains, une arme aussi puissante qu'une revendication légitime. »

Malgré cette éloquente péroraison, l'article 5 fut adopté sans modification, en troisième lecture, comme il l'avait été précédemment (1).

La loi de 1872 consacrait donc, pour la première fois, depuis l'Empire, le principe de la suspension absolue des droits électoraux pour les militaires présents au corps.

§ 2. — Loi du 30 novembre 1875.

Après la Révolution du 4 septembre qui avait amené la chute du gouvernement impérial, la nécessité d'une législation électorale nouvelle se faisait vivement sentir. La loi du 15 mars 1849 avait été remise en vigueur, à titre provisoire, mais on l'avait modifiée, dès les premiers jours de la République et l'on songea bientôt à la remplacer.

La proposition de loi sur les élections, due à l'initiative parlementaire et présentée, en 1871, à l'Assemblée, n'ayant pas été adoptée, le gouvernement s'occupa, lui-même, de doter le pays d'une loi électorale : le 20 mai 1873, un projet de loi sur les élections fut déposé par M. Thiers,

____

(1) *Journ. off.*, 26 juillet 1872, p. 5101, et s., séance du 25 juillet.

Président de la République et M. Dufaure, garde des sceaux.

L'article 7 de ce projet privait du droit de vote les militaires et assimilés de tout grade et de toutes armes, en activité de service, quand ils étaient présents au corps ou en fonctions. Dans l'exposé des motifs du projet de loi, le gouvernement, motivait, ainsi, cette disposition : « L'article 7 confirme la disposition que vous avez déjà insérée dans l'article 5 de la loi sur le recrutement de l'armée, mais en faisant cesser les doutes graves que la rédaction trop laconique de cet article avait fait naître (1). »

Ce projet fut renvoyé à une commission spéciale, dite Commission des Trente, nommée en 1873, pour l'examen des lois constitutionnelles.

Celle-ci modifia le projet gouvernemental : elle recula l'âge de la capacité électorale de vingt et un à vingt-cinq ans (art. 1er) ; elle considéra les militaires, en activité de service, comme continuant à résider, pendant le temps qu'ils passeraient sous les drapeaux, dans la commune où ils auraient tiré au sort (art. 8) ; enfin, elle admit la suspension du droit de vote pour les militaires présents au corps (art. 13) (2).

Dans le rapport, déposé le 21 mars 1874, au nom de la Commission des Trente, M. Batbie déclarait, que la commission avait été unanime pour élever l'âge exigé des électeurs de 21 à 25 ans. Elle avait considéré cette modification comme indispensable depuis que la loi sur le recrutement, en interdisant le vote sous les drapeaux, avait, en ce qui concerne les militaires, éloigné, au moins de fait, l'âge politique jusqu'à vingt-cinq ans, car, en

______

(1) *Journ. off.*, 22 mai 1873, p. 3257.
(2) *Journ. off.*, 1er avril 1874, p. 2504.

maintenant l'âge de vingt et un ans, on aurait établi une inégalité choquante entre les militaires et les non-militaires, et cela, au désavantage des premiers (1).

Le projet de la commission fut vivement attaqué, lors de la première délibération. Louis Blanc prétendit que, sous l'apparence de l'égalité, on avait consacré une inégalité. « Après avoir divisé les citoyens âgés de vingt et un ans à vingt-cinq ans en deux catégories distinctes, disait-il, dans la séance du 4 juin 1874, on a commencé par dire à ceux de la première : « Messieurs, vous, vous « n'avez pas le droit de vote *parce que vous êtes* sous les « drapeaux », et maintenant, on vient dire à ceux de la seconde : « Vous, vous n'avez pas le droit de vote, *parce* « *que vous n'êtes pas* sous les drapeaux...On a commencé « par frapper les uns sous prétexte de discipline, et main-« tenant, sous prétexte d'hommage au dévouement guer-« rier, on frappe les autres ! Et cela, messieurs, par amour « de l'égalité ! C'est de l'égalité, en effet : l'égalité dans « la violation du droit. »

Aussi proposait-il d'arriver à cette égalité des citoyens qui faisait l'objet des préoccupations de la commission, par un moyen bien différent : il voulait rendre le droit de vote aux soldats sous les drapeaux et déclarer que là où tout citoyen est soldat, tout soldat est citoyen, car le devoir de se battre et de mourir pour son pays implique le devoir de participer à la loi qui ordonne qu'on se batte et, s'il le faut, que l'on meure (2).

Le rapporteur vint lui répondre au nom de la commission. Celle-ci avait estimé qu'elle était liée par la loi votée par l'Assemblée, en 1872, sur le recrutement de l'armée.

(1) *Journ. off.*, 31 mars 1874, p. 2484.
(2) *Journ. off.*, 5 juin 1874, p. 3758. Séance du 4 juin.

Puisque cette loi retirait le vote au soldat, l'égalité exigeait que ceux qui n'étaient pas soldats, ne fussent pas privilégiés.

L'âge de vingt-cinq ans ans avait, à ses yeux, certains avantages : d'abord, disait-il, il arrive souvent que, jusqu'à cet âge, le fils n'ayant pas encore de situation personnelle, vive des ressources que lui donne sa famille. Par suite, n'est-ce pas introduire une cause de discordes au foyer domestique que de permettre au jeune homme, comme électeur, d'avoir une opinion différente de celle de son père ? A vingt-cinq ans, au contraire, le fils est généralement établi : il peut donc, sans danger pour la paix des familles, exercer avec indépendance, son droit d'électeur.

Enfin, Louis Blanc ayant protesté contre la différence que la commission établissait entre la majorité civile et la majorité politique, le rapporteur lui répondait qu'il était logique d'être plus difficile pour cette dernière que pour la première, parce que les intérêts de la patrie étaient, incontestablement, plus importants, de beaucoup, que ceux de l'individu.

« A vingt et un ans, disait-il à Louis Blanc, on vote
« non pas avec la clarté du cœur, mais avec le trouble
« des passions et l'obscurité de l'inexpérience (1). »

C'est Gambetta qui se chargea de reprendre l'attaque contre les conclusions de la commission. Il établit, en citant les paroles du rapporteur de la loi de 1872, que l'Assemblée avait entendu formellement, en votant la loi sur le recrutement, réserver l'avenir, laisser à une loi électorale le soin de trancher la question du vote des

____

(1) *Journ. off.*, 5 juin 1874, p. 3760 et 3761, séance du 4 juin.

militaires, et non pas préjuger cette délicate question.

« L'argument de M. Batbie », disait-il, « que devient-il devant cet engagement solennel, il disparaît. Vous avez pris un engagement sacré, ce jour-là, l'engagement de maintenir le droit à ces soldats, auxquels vous avez refusé l'exercice du droit électoral, l'engagement que, rentrés dans leur commune, mutilés peut-être par la guerre avant cet âge de 25 ans, ils retrouveront cette précieuse communauté, cette solidarité de sentiments politiques qui fait que, même sous les drapeaux, ils n'en sont pas moins participants à la vie de la France.

Cette loi que vous invoquez, je l'invoque à mon tour et je vous dis : Respectez la loi dans la personne de ces soldats, respectez-la aussi dans celle des compagnons de leur âge, retenus dans leurs foyers par les nécessités de la vie, des infirmités quelquefois, les nécessités professionnelles qui maintiennent à l'état productif, à l'état actif, des hommes indispensables à toutes les conditions sociales, aux professions libérales, aux nobles études, au commerce, à l'industrie, à l'agriculture. »

Enfin, l'orateur reprochait à la commission de vouloir retrancher du corps électoral quatre générations de jeunes Français, et, par suite, de violer les droits acquis de ces électeurs (1).

Après cette première délibération où les idées défendues par la Commission des Trente avaient rencontré de violents adversaires, l'Assemblée adopta le projet de loi relatif à l'électorat municipal et elle consacra, dans cette loi, quelques-unes des théories que la commission avait repoussées.

_____

(1) *Journ. off.*, 5 juin 1874, p. 3762, séance du 4 juin.

Ainsi, la Commission des Trente jugea nécessaire de modifier son projet pour le mettre en harmonie avec le vote récent de l'Assemblée. M. Batbie déposa, le 21 juillet, un rapport supplémentaire avec un projet de loi modifié qui abaissait l'âge de 25 à 21 ans (1).

A la suite d'incidents d'ordre politique, la Commission des Trente démissionna le 18 mai 1875, et la nouvelle commission, élue pour la remplacer, confia le soin de faire un rapport à MM. de Marcère et Ricard.

Ceux-ci adoptèrent, sur le vote des militaires, les conclusions du précédent rapporteur. C'était, également, dans l'intérêt de la discipline qu'ils refusaient aux soldats l'exercice du droit de vote ; la mission confiée à l'armée par la patrie, qui consiste à protéger son indépendance et sa sécurité, ne saurait être bien remplie « que si l'armée est tenue à l'écart des luttes de la politique, si elle garde précieusement l'esprit de discipline, l'esprit d'abnégation, l'esprit d'obéissance, le souci unique et constant de la gloire, de l'honneur et de l'indépendance nationale, vertus supérieures dont l'esprit de parti, si puissant sur les plus nobles cœurs et sur les âmes les mieux faites, pourrait parfois la détourner (2) ».

L'article 2 du projet de la commission fut adopté sans discussion à la deuxième (3) et à la troisième délibération (4), dans les termes suivants : « Les militaires et assimilés, de tous grades et de toutes armes, des armées de terre et de mer, ne prennent part à aucun vote, quand ils sont présents à leur corps, à leur poste ou dans l'exercice

______

(1) *Journ. off.*, 13 août 1874, p. 5833.
(2) *Journ. off.*, 14 août 1875, p. 6776.
(3) *Id.*, 10 novembre 1875, p. 9162, séance du 9 novembre.
(4) *Id.*, 24 novembre 1875, p. 9613, séance du 23 novembre.

de leurs fonctions. Ceux qui, au moment de l'élection, se trouvent en résidence libre, en non-activité ou en possession d'un congé régulier, peuvent voter dans la commune sur les listes de laquelle ils sont régulièrement inscrits. Cette dernière disposition s'applique, également aux officiers et assimilés qui sont en disponibilité ou dans le cadre de réserve. »

§ 3. — Loi du 15 juillet 1889.

Depuis 1872, il fut, à plusieurs reprises, question devant le Parlement, de modifier la loi sur le recrutement de l'armée. Un projet de loi fut présenté, en 1882, par le général Billot, ministre de la guerre ; il fut renvoyé, avec un certain nombre de propositions de loi émanées de l'initiative parlementaire, à la commission de l'armée de la Chambre des députés.

Le projet de la commission fut discuté en mai et en juin 1884, et, dans la séance du 29 mai 1884, la Chambre adopta, sans discussion, l'article 5 de ce projet, ainsi conçu : « Les hommes présents au corps ne prennent part à aucun vote » (1).

Lors de la deuxième délibération à la Chambre, M. Georges Roche demanda ce qu'il fallait entendre par *hommes présents au corps*, et quelle devait être la durée de l'absence nécessaire pour pouvoir voter.

Craignant que le gouvernement ne pût fausser le fonctionnement du suffrage universel, en multipliant les permissions dans les lieux où il aurait intérêt à permettre

---

(1) *Journ. off.*, 30 mai 1884, *Déb. parl.*, Chambre, p. 1184, séance du 29 mai.

aux soldats de voter, il demandait le renvoi, à la commission, du texte adopté en première lecture (1).

La commission proposa alors un nouveau texte ainsi conçu : « Art.6.— Une fois incorporés dans l'armée active, les hommes ne peuvent prendre part à aucun vote, avant d'avoir été envoyés dans la disponibilité ou dans la réserve de l'armée active, ou réformés.

En aucun cas, et quelle que soit la classe à laquelle ils appartiennent, les hommes présents sous les drapeaux ne peuvent voter. »

Ainsi, la commission changeait complètement de système : après avoir, d'abord, refusé le droit de vote seulement aux militaires présents au corps, elle le refusait à tous les militaires, et il suffisait qu'un homme fût incorporé pour qu'il ne pût, désormais, voter, alors même qu'il serait présent dans ses foyers dans la commune où il était électeur, en vertu d'une autorisation régulière d'absence, quelle qu'en fût la durée.

Cette solution était trop radicale pour être rationnelle. Comme le faisait remarquer très justement le marquis de Roys, ce n'était pas seulement aux hommes incorporés qu'il aurait fallu retirer le droit de vote, mais à tous les hommes de la même classe.

« Lorsqu'un soldat est rentré dans ses foyers, disait l'honorable orateur, et que l'autorité ne peut pas être suspectée de l'avoir renvoyé pour déplacer la majorité dans la commune, il doit avoir le droit de vote : car il faut toujours penser que derrière le soldat il y a le citoyen, et que les droits de ce citoyen sont absolument sacrés (2). »

(1) *Journ. off.*, 3 juin 1885, *Déb. parl.*, Chambre, p. 974, séance du 2 juin.
(2) *Journ. off.*, 7 juin 1885, *Déb. parlem.*, Chambre, p. 1017-1018, séance du 6 juin.

En conséquence, le marquis de Roys présenta un amendement ainsi conçu : « Les hommes présents sous les drapeaux ne peuvent prendre part à aucun vote à moins qu'ils ne soient dans leurs foyers, en vertu d'une autorisation d'absence pour trente jours au moins. » Et, bien que M. Georges Roche se fût déclaré satisfait du texte de la commission, la Chambre prit en considération l'amendement du marquis de Roys (1).

A la séance du 9 juin, l'article 6 que l'on avait réservé, revint en discussion. La commission maintint le texte qu'elle avait adopté, parce que, disait le rapporteur, « le congé n'est réglementé par aucune loi, il dépend absolument de l'arbitraire — et je prends ce mot dans sa acception la plus haute — c'est-à-dire qu'il dépend de l'autorité militaire, seule, de l'accorder ou de le refuser. Nous ne pouvons pas admettre que l'exercice des droits de citoyen dépende de l'arbitraire d'un seul. »

Le marquis de Roys, pour défendre son amendement, établit que le vote du texte proposé par la commission, aurait pour conséquence de priver du droit de vote tous les officiers jusqu'à leur retraite, et de constituer un véritable privilège en faveur des jeunes gens réformés, au détriment des appelés.

Le baron Reille proposait d'écarter cette question, parce qu'elle rentrait plutôt dans le domaine d'une loi électorale que dans celui d'une loi militaire. Un autre député, M. Bernier, présentait même l'amendement suivant : « Il sera statué par une loi spéciale sur les cas dans lesquels les militaires seront admis au vote. »

Mais la Chambre donna raison à sa commission, et les

____

(1) *Journ. off.*, 7 juin 1885, *Déb. parlem.*, Chambre, p. 1017-1018, séance du 6 juin.

amendements Bernier et de Roys furent repoussés (1).

Le projet de loi, adopté par la Chambre des députés, fut retiré, l'année suivante, par le général Boulanger, ministre de la guerre qui, pour procéder à une révision d'ensemble de nos lois militaires, déposa, le 25 mai 1886, un nouveau projet de loi.

Dans son rapport à la Chambre sur ce projet, M. Laisant déclarait que la commission, après de longues discussions, avait pensé que, pour ne pas laisser la moindre difficulté sur la question des droits électoraux des militaires, le mieux était de reproduire, textuellement, l'article 2 de la loi organique du 30 novembre 1875.

Les militaires, en position d'absence, devaient donc être seuls admis à voter, et, comme le déclarait le rapporteur, « l'interdiction devait avoir le caractère, non pas d'une suppression, mais d'une simple suspension du droit électoral, dans un intérêt supérieur de discipline, et pour soustraire l'armée nationale aux préoccupations étrangères à son rôle (2) ».

Sur cet article, M. Maillard déposa un amendement ainsi conçu : « Les militaires et assimilés de tous grades et de toutes armes, des armées de terre et de mer, présents à leur corps, à leur poste ou dans l'exercice de leurs fonctions, sont portés sur les listes électorales des communes où ils étaient domiciliés avant leur départ, et sont admis à voter pour l'élection des députés, conformément aux articles : 2 de la loi organique électorale du 15 mars 1849 et 12 de la loi électorale du 31 mai 1850.

---

(1) *Journ. off.* , 10 juin 1885, *Déb. parlem.*, Chambre, p. 1047 et 1048, séance du 9 juin.

(2) Rapport de M. Laisant, *Journ. off.*, juin 1887, *Déb. parlem.*, Chambre, p. 203.

Néanmoins, l'exercice du droit électoral est suspendu pour les armées en campagne et pour les marins de la flotte, se trouvant en cours de navigation.

Ceux qui, au moment de l'élection, se trouvent en résidence libre, en non-activité ou en possession d'un congé régulier, peuvent voter dans la commune sur les listes de laquelle ils sont régulièrement inscrits. Cette dernière disposition s'applique également aux officiers et assimilés qui sont en disponibilité ou dans le cadre de réserve. »

Développant son amendement à la tribune, M. Maillard examina la condition politique des militaires sous les divers gouvernements qui s'étaient succédé en France depuis la Révolution, et il conclut qu'on avait toujours mis en avant deux arguments pour refuser le droit de vote aux soldats : l'intérêt de la discipline et l'ignorance des militaires en matière politique.

C'est pour ces raisons prétendues qu'on avait laissé les officiers et soldats hors du droit commun, alors que le général Boulanger, ministre de la guerre, disait, le 4 octobre 1886, dans une cérémonie publique : « La na-« tion et l'armée ont, enfin, compris l'impérieuse néces-« sité de leur intime solidarité. »

Comprendre ainsi l'idée de discipline, c'était, incontestablement, en exagérer les conséquences. Quant au second motif, il n'avait pas plus de valeur, car, grâce à la diffusion actuelle de l'instruction, presque tous les soldats savent lire et écrire ; ils reçoivent des nouvelles de leurs parents et de leurs amis et peuvent se renseigner par la lecture des journaux.

« Pourquoi, s'écriait l'orateur, refuser à l'armée le droit de vote ? Tout le monde en indique la raison tout bas ; on craint qu'à un moment donné, l'opinion de l'armée étant connue, elle ne soit poussée à commettre ou à accomplir un acte qui pourrait être contraire à la Constitution.

« Voilà la vérité. Eh bien, dans notre pays où, depuis un siècle, quatorze gouvernements se sont succédés, on ne cite pas un seul exemple de l'armée renversant un gouvernement pour lui substituer un gouvernement de son choix. »

Cependant l'amendement, repoussé par la commission, fut rejeté par la Chambre par 516 voix contre 14 (1).

L'article 9 du projet de loi qui devint la loi du 15 juillet 1889 fut donc adopté par la Chambre et le Sénat, tel qu'il était proposé par la commission de l'armée à la Chambre, c'est-à-dire qu'il reproduit l'article 2 de la loi organique du 30 novembre 1875, sur l'élection des députés (2).

§ **4**. — **Du vote des militaires.**

Des articles 2 de la loi du 30 novembre 1875 et 9 de la loi du 15 juillet 1889, les seuls actuellement en vigueur sur la question, il résulte que *les militaires et assimilés de tous grades et de toutes armes des armées de terre et de mer, ne prennent part à aucun vote quand ils sont présents à leur corps, à leur poste ou dans l'exercice de leurs fonctions.*

Tel est le principe. Il comporte certaines exceptions

---

(1) *Journ. off.*, 21 juin 1887 ; Chambre, *Déb. parlem.*, p. 1306, séance du 20 juin.

(2) Signalons cependant une légère différence sur laquelle nous reviendrons : dans l'article 9 de la loi de 1889 il est question de *congé*, dans l'article 2 de la loi de 1875, de *congé régulier*. Mais cette modification qui fut faite, au cours de la discussion au Sénat, n'implique aucune différence d'interprétation.

que nous examinerons après avoir recherché à quels individus la loi interdit de voter, en tant que militaires.

1° *Cas où les militaires ne peuvent voter.*

Les militaires des armées de terre et de mer, en activité de service, ne peuvent, en général, voter, le droit de vote leur étant refusé quand ils sont dans la position de présence.

Mais, parmi tous les fonctionnaires qui relèvent des ministres de la guerre et de la marine, il est, quelquefois difficile, surtout pour la marine, de savoir lesquels sont à proprement parler, « militaires ».

Nous allons donc déterminer quels individus sont « militaires », en passant en revue les différents corps de l'armée de terre et de l'armée de mer.

Armée de terre.

Nous distinguerons, entre les hommes de troupe et les officiers.

Troupe. — Sont considérés comme militaires en activité de service :

1° Les hommes de troupe qui servent dans l'armée active à titre d'appelés, d'engagés, de rengagés ou de commissionnés ;

2° Les hommes de la réserve et de l'armée territoriale, pendant la durée des exercices et manœuvres et en cas de mobilisation ;

3° Les élèves des écoles militaires et ceux des écoles civiles, dont la durée des études compte comme temps de présence sous les drapeaux, les élèves devant contracter un engagement militaire en entrant dans ces écoles.

Il en est ainsi des écoles : spéciale militaire de Saint-

Cyr, Polytechnique, de santé militaire, forestière, centrale des arts et manufactures ;

4° Les sous-officiers attachés, à titre permanent, au parquet ou au greffe des conseils de guerre et de révision, et le personnel de surveillance des établissements pénitentiaires et des prisons militaires ;

5° Les militaires de la gendarmerie, de la garde républicaine et du régiment des sapeurs-pompiers de la Ville de Paris.

Ces militaires avaient été considérés, jusqu'en 1872, comme fonctionnaires publics et nous avons vu (*suprà*, p.106) que la jurisprudence leur avait, fréquemment, fait application de cette qualité.

Mais, lors de la discussion de la loi du 27 juillet 1872, le général de Cissey, ministre de la guerre, fut amené à déclarer que les gendarmes étaient des militaires et non des fonctionnaires et que, par suite, l'exercice de leurs droits politiques était suspendu pour eux, dans les mêmes conditions que pour les autres militaires. « Le gendarme en congé, disait le ministre, dans la séance du 30 mai 1872, votera comme tous les autres militaires en congé. Mais le gendarme au corps ne doit pas plus voter que le soldat d'infanterie ou d'artillerie (1). » Et, dans l'interprétation de l'article 5 de la loi de 1872 qui fut arrêtée, de concert, entre les ministres de la guerre et de la marine et insérée au *Bulletin du ministère de l'intérieur*, on assimile aux autres corps la gendarmerie, la garde républicaine et le régiment des sapeurs-pompiers de Paris (2).

—————

1) *Journ. off.*, 31 mai 1872, p. 3638, séance du 30 mai ; 26 juillet 1872, p. 5101, séance du 25 juillet.

(2) *Bull. off. du Min. de l'Intér.*, 1873, p. 211.

Ne sont pas, au contraire, en activité, les jeunes gens du contingent et les engagés volontaires qui se trouvent, dans leurs foyers, *avant d'avoir paru* sous les drapeaux, les ajournés, les hommes classés dans les services auxiliaires et les exemptés.

D'autre part, les ouvriers engagés des manufactures d'armes, les caserniers, les douaniers (1), les agents des forêts, ne sont pas militaires (2).

OFFICIERS. — L'activité est la position de l'officier appartenant à l'un des cadres constitutifs de l'armée, pourvu d'emploi et de l'officier hors cadres, employé temporairement à un service spécial ou à une mission (Loi du 19 mai 1834, art. 3).

Sont donc en activité de service :

1° Les officiers généraux pourvus d'un commandement actif ou territorial, les gouverneurs des places de guerre, les gouverneurs de Paris et de Lyon, etc.

2° Les officiers des corps de troupe ;

3° Les officiers sans troupe du service d'état-major, de l'artillerie et du génie (directeurs et adjoints des manufactures d'armes des arsenaux, des fonderies, chefs du génie, etc...) ;

4° Les officiers détachés au service du recrutement, des dépôts de remonte, dans les écoles, ou employés au

____

(1) Pour les douaniers, **V.** Cons. d'Et., 6 août 1880, Elect. de la Cabanasse, *Leb. Chr.*, p. 737.

(2) Ajoutons que, bien qu'en activité de service, il faut encore considérer comme présents au corps, condition nécessaire pour les faire priver du droit de vote :

1° Les malades à l'hôpital qui sont, *administrativement*, considérés comme absents ;

2° Les détenus, les accusés non encore traduits devant un conseil de guerre ;

3° Les hommes appelés en témoignage devant les tribunaux.

service de la justice militaire, dans les bureaux du ministère de la guerre, dans le service permanent et soldé de l'armée territoriale (1) ;

5° Les officiers attachés au Conseil d'État, à la personne du Président de la République ou envoyés en mission à l'étranger ;

6° Les officiers à la suite (élèves sortant des écoles militaires non encore pourvus d'emploi ; officiers dont l'emploi a été supprimé ; officiers du cadre complémentaire, etc...) ;

7° Les officiers de la réserve et de l'armée territoriale pendant les périodes d'instruction, les stages obligatoires, en cas de mobilisation, ou lorsqu'ils remplissent les fonctions de président des commissions de classement des chevaux de réquisition (2).

Mais il résulte d'un avis du Conseil d'État, en date du 7 février 1877 (3), que les officiers de la réserve et de l'armée territoriale, accomplissant un stage volontaire, ne sont pas privés du droit de vote, parce que leur présence sous les drapeaux est volontaire et ne résulte pas d'un ordre d'appel et qu'ils ne touchent pas de solde (4).

---

(1) Il en est ainsi même des officiers retraités, employés dans quelques-uns de ces services, comme par exemple, ceux qui remplissent les fonctions de commissaires du gouvernement près des conseils de guerre.

(2) Rabany, t. I, p. 154-155.

(3) *Journal militaire officiel*, p. 83 ; *Bull. minist. intér.*, 1877, p. 152. V. aussi Circ. minist. guerre, 10 mai 1876.

(4) V. Chante-Grellet, t. I, n. 128. On peut se demander si l'avis du Conseil d'État est toujours en vigueur depuis la promulgation de la loi de 1889. Certains auteurs refusent le droit de vote aux officiers de la réserve ou de l'armée territoriale, accomplissant un stage volontaire, parce qu'en présence de l'article 9 de la loi du 15 juillet 1889, pour être privé de l'exercice du droit de vote, il suffit d'être *présent au corps*, quelle que soit la cause de la présence (Carpentier et du Saint, *Répert. gén. alphabétique du dr. franç.*, v° *Élections*, n° 307). Mais nous croyons, avec

Certains fonctionnaires militaires sont assimilés aux officiers, en ce sens qu'ils jouissent des mêmes droits pour les préséances, la solde et les honneurs, sans, cependant, avoir ni le droit au commandement, ni le droit de punir. Leur situation est la même que celle des officiers, au point de vue du droit de suffrage.

Les assimilés sont :

1° Les fonctionnaires de l'intendance militaire ;

2° Les officiers d'administration ;

3° Les médecins, pharmaciens et vétérinaires militaires ;

4° Les chefs de musique ;

5° Les adjoints du génie et les gardes d'artillerie ;

6° Les archivistes d'état-major ;

7° Les interprètes militaires ;

8° Les contrôleurs d'armes ;

9° Les contrôleurs de l'administration de l'armée.

Il faut, en effet, en vertu d'un avis du Conseil d'État en date du 17 juillet 1888, entendre exclusivement, par *employés de l'armée de terre, en activité*, ceux qui figurent sur les tableaux annexés, soit à la loi du 13 mars 1875 relative à la constitution des cadres et des effectifs, soit à la loi du 16 mars 1882 sur l'administration de l'armée (1). Par suite, ne sont considérés comme assimilés, ni les ingénieurs des poudres et salpêtres, ni les gardiens de

M. Chante-Grellet, *op.* et *loc. cit.*, que le législateur a voulu parler d'une *présence légale*, la seule à laquelle il ait pu songer pour établir un principe. Le stage volontaire est le fait de l'officier, et il en est de même, dans la marine, pour la résidence libre ; or, dans cette dernière position, le législateur a spécialement accordé le droit de vote aux marins.

Quoi qu'il en soit, la question restera controversée, tant que les Chambres ou le Conseil d'État n'auront pas eu l'occasion de se prononcer.

(1) Rabany, t. I, p. 154 et s.

batterie auxiliaires, qui ne sont que des employés civils.

Armée de mer.

Il faut appliquer à l'armée de mer les mêmes règles qu'à l'armée de terre, et nous distinguerons également, ici, entre les officiers et la troupe.

TROUPE. — Sont militaires en activité de service :

1° Équipages de la flotte : maîtres, seconds-maîtres, quartiers-maîtres, marins, magasiniers et commis aux vivres entretenus de la flotte ;

2° Gendarmerie maritime : sous-officiers, brigadiers et soldats ;

3° Artillerie de marine (*id.*) ;

4° Infanterie de marine : sous-officiers, caporaux et soldats ;

5° Personnel des infirmiers de la flotte (décis. min., 15 sept. 1882) ;

6° Gardes-chiourmes : adjudants, sous-adjudants, gardes-chiourmes ;

7° Service des mouvements des ports : adjudants principaux, premiers maîtres, vétérans, maîtres-vétérans, seconds maîtres-vétérans, quartiers-maîtres vétérans, marins vétérans (décis. min., 21 novembre 1874) ;

8° Pompiers de la marine (déc. min., 16 avril 1878) ;

9° Surveillants des prisons maritimes (décis. min., 12 novembre 1878) ;

10° Agents du gardiennage (décis. min., 27 mars 1882) ;

11° Gardes-consignes des arsenaux (décis. min., 23 janvier 1882).

OFFICIERS. — Ce sont :

1° Les officiers du corps de la marine ;

2° Les officiers de la gendarmerie maritime ;

3° Les officiers de l'infanterie de marine ;

4° Les officiers de l'artillerie de marine ;

5° Corps du génie maritime : inspecteurs généraux, directeurs des constructions navales, ingénieurs de 1re et de 2e classe, sous-ingénieurs, élèves du génie maritime ;

6° Corps des ingénieurs hydrographes : ingénieur en chef, ingénieurs de 1re et de 2e classe, sous-ingénieurs, élèves ingénieurs ;

7° Corps du commissariat de la marine : commissaires généraux, commissaires, commissaires-adjoints, sous-commissaires, aides-commissaires ;

8° Corps d'inspection des services administratifs : inspecteurs en chef, inspecteurs, inspecteurs-adjoints ;

9° Personnel administratif des directions de travaux : agents administratifs principaux, agents administratifs, sous-agents administratifs, sous-agents armuriers, armuriers ;

10° Personnel du service de manutention : chefs de manutention principaux, chefs de manutention ; sous-chefs de manutention ;

11° Corps de santé de la marine : médecins et pharmaciens ;

12° Aumôniers de la marine ;

13° Mécaniciens de la marine ;

14° Artillerie : employés de l'artillerie de la marine.

Par suite, ne sont pas assimilés : les examinateurs de la marine ni les professeurs d'hydrographie, les sous-agents du commissariat de la marine, les syndics des gens de mer, les trésoriers des invalides de la marine, les agents comptables, les commis de comptabilité, les écrivains titulaires et auxiliaires, ni les commis de direction des travaux (1).

(1) Pour ces derniers, V. Cons. d'Et., 7 novembre 1884, Elect. d'Indre. *Leb. chr.*, p. 761.

2° Cas où les militaires peuvent voter.

L'article 2 de la loi du 30 novembre 1875, dont la disposition a été reproduite par l'article 9 de la loi du 15 juillet 1889, autorise, dans certains cas, les militaires à voter : c'est lorsqu'ils se trouvent dans certaines positions spéciales où il n'y a pas à craindre que leur participation à un scrutin puisse nuire à la discipline. Ajoutons, que les militaires se trouveront presque toujours isolément dans les situations que nous allons indiquer et qu'il n'y a pas lieu, par suite, de craindre ces manifestations collectives de l'armée que le législateur a paru redouter. Ces positions sont : la résidence libre, la non-activité, le congé, la disponibilité, la réserve.

I. — RÉSIDENCE LIBRE.

La résidence libre, ainsi que cela résulte des explications données à la Chambre des députés et au Sénat, et des circulaires du ministre de la marine, est une situation spéciale aux officiers de marine. A la suite d'une campagne maritime, la plupart des bâtiments sont désarmés, dès qu'ils sont rentrés à leur port d'attache. Il résulte de cette mesure, qu'un grand nombre d'officiers de marine se trouvent à terre, sans emploi : autant pour leur permettre de se reposer de leurs fatigues, que pour réaliser des économies sur le budget, le ministre peut les autoriser à se retirer dans la résidence de leur choix, pendant un temps déterminé et avec une diminution de solde. Ces officiers sont à la disposition du ministre, qui peut les rappeler dès que leur présence à leur poste est jugée nécessaire (1).

(1) Discours de M. Georges Roche à la Chambre, dans la séance du

La résidence libre s'applique à tous les officiers de marine sans distinction, bien que M. Georges Roche ait déclaré, par erreur, à la Chambre, dans la séance du 20 juin 1887, qu'elle était spéciale aux officiers supérieurs. La résidence libre a, en effet, été déclarée applicable :

1° Aux officiers subalternes par les circulaires ministérielles des 17 avril et 11 décembre 1882 et 15 novembre 1884 ;

2° Aux officiers supérieurs par les circulaires des 28 août et 22 septembre 1875, 1er août 1877, 15 avril 1879, 12 janvier 1881 ;

3° Aux officiers généraux par la circulaire du 1er juillet 1814 (1).

La liberté de résidence est, en général, accordée aux officiers supérieurs pour six mois, et, aux officiers subalternes, pour trois ou six mois, suivant la nature de la campagne qu'ils viennent d'accomplir.

M. Georges Roche avait demandé à la Chambre, le 20 juin 1887, que, pour éviter les abus, on appliquât à la résidence libre les mêmes principes qu'au congé : la durée de cette position n'étant pas limitée, on pouvait craindre que certains officiers la demandassent quelques jours avant un vote, afin d'y prendre part, et y renonçassent aussitôt après. Aussi demandait-il que la résidence libre ait une durée d'un mois, pour entraîner le droit de vote.

Le rapporteur, M. Laisant, lui répondit, au nom de la

<hr>

20 juin 1887 : *Journ. off.*, 21 juin. Chambre, *Déb. parlem.*, p. 1307 : de M. l'amiral Jaurès au Sénat, dans la séance du 26 avril 1888, *Journ. off.* du 27 ; Sénat, *Déb. parlem.*, p. 618.

(1) Rabany, *La loi sur le recrutement*, t. I, p. 161-162.

commission, que la résidence libre était une situation légale, on ne pouvait pas plus exiger une durée déterminée pour cette position que pour la non-activité.

« Le texte de la loi est impératif, disait le rapporteur, et tout officier, en résidence libre, dans le lieu du vote peut exercer son droit de citoyen (1). »

En conséquence, les officiers de marine en résidence libre, peuvent voter dans le lieu où ils sont inscrits sur les listes électorales, quelle que soit la durée de leur résidence.

II. — NON-ACTIVITÉ.

La non-activité est une position spéciale aux officiers, mais on peut aussi, au point de vue des lois électorales, en faire l'application aux hommes de troupe.

OFFICIERS. — Aux termes de l'article 4 de la loi du 19 mai 1834 sur l'état des officiers, la non-activité est la position de l'officier hors cadres et sans emploi.

Sont donc en non-activité :

1° Les officiers dont le corps a été licencié ou l'emploi supprimé, ou qui, rentrant de captivité à l'ennemi, ont été remplacés dans leur emploi ;

2° Les officiers mis en non-activité pour infirmités temporaires ;

3° Les officiers mis en non-activité pour retrait ou suspension d'emploi :

Il faut ajouter à ces catégories d'officiers énumérées par la loi de 1834 (art. 5), les officiers de réserve et ceux de l'armée territoriale dans leurs foyers. Ils ne sont, en effet, en activité que dans le cas de mobilisation, ou lors-

---

(1) Ch. des Députés, séance du 20 juin 1887, *Journ. off.*, 21 juin. Chambre, *Déb. parlem.*, p. 1308.

qu'ils accomplissent des périodes d'instruction obligatoires (1).

A la non-activité, il faut opposer la position d'activité ou de disponibilité. Mais il existe encore deux autres positions pour les officiers, la réforme et la retraite.

La réforme est la position de l'officier sans emploi qui, n'étant plus susceptible d'être rappelé à l'activité, n'a pas de droits acquis à la pension de retraite.

La retraite est la position définitive de l'officier rendu à la vie civile et admis à la jouissance d'une pension.

Les officiers en réforme ou en retraite ne font plus partie de l'armée ; ils peuvent donc voter librement, comme les autres citoyens.

TROUPE. — Pour la troupe, il faut considérer comme étant en non-activité :

1° Les hommes renvoyés, par anticipation, dans leurs foyers, avant l'expiration du terme légal du service, par application des articles 40 et 46 de la loi de 1889 ; 2° les hommes de la disponibilité renvoyés dans leurs foyers après leur première année de service, à raison des numéros qu'ils ont obtenus au sort sur la liste cantonale, en vertu de l'article 39 de la loi de 1889 ; 3° les hommes envoyés dans leurs foyers, après une année de service, en vertu de l'article 21, comme soutiens légaux de famille (aînés d'orphelins, fils uniques ou aînés de veuves, d'un père aveugle ou septuagénaire, fils unique ou aîné d'une famille de sept enfants, aîné de deux frères inscrits, la même année, sur la liste de recrutement, celui dont un frère est présent sous les drapeaux, etc...) ;

4° Les hommes désignés comme soutiens effectifs de

____

(1) Sur cette dernière question : voyez la note 4 de la page 166.

famille par les conseils de révision et envoyés en congé, sur leur demande, après un an de présence sous les drapeaux, conformément à l'article 22 ;

5° Les jeunes gens se destinant à certaines carrières ou poursuivant certaines études, envoyés en congé après le même temps de service, en vertu de l'article 23 ;

6° Les marins inscrits, quand leur classe n'est pas appelée, qu'ils n'ont pas devancé l'appel et ne sont pas maintenus ou réadmis, ni liés au service, en vertu d'une commission ou d'un brevet ;

7° Les hommes de la réserve et de l'armée territoriale, non mobilisés ou convoqués pour des manœuvres ;

8° Les invalides (1).

III. — Congé.

Les militaires en activité de service peuvent encore voter lorsqu'ils sont en congé. Le congé est, aux termes des règlements militaires, une autorisation régulière d'absence de plus de trente jours (2) : c'est sa principale différence avec la permission qui est, en général, d'une durée inférieure à trente jours.

Lors de la discussion de la loi de 1889 au Parlement, le sens du mot « congé » donna lieu à certains échanges d'observations.

M. Georges Roche, dans la séance du 20 juin 1887, fit remarquer à la Chambre des députés qu'un militaire en possession d'une autorisation d'absence de trente jours, peut être absent en vertu d'une permission ou d'un congé,

(1) Rabany, t. 1, p. 163-164.

(2) Circ. min. guerre, 24 février 1876 ; Circ. min. intér., 22 sept. et 25 déc. 1877 ; 10 avril 1884, *Bull. min. int.*, 1884, p. 166 ; 9 sept. 1885, *Bull. min. int.*, 1885, p. 204.

mais que la question a son importance puisque, dans un cas, il peut voter et que, dans l'autre, cela ne lui est pas permis. Il demandait donc à la commission, si elle était d'accord avec l'interprétation donnée, en 1873, par les ministres de la guerre et de la marine, pour considérer comme congé régulier une absence d'au moins trente jours.

Le rapporteur, M. Laisant, lui répondit : « Je crois qu'il a été entendu par tous les ministres de la guerre et par toutes les personnes appelées à appliquer la loi que les mots *congé régulier* voulaient dire : congé dans le sens militaire, c'est-à-dire congé dépassant trente jours et non pas congé inférieur à trente jours, ces derniers congés prenant le nom de permissions (1). »

Lors du retour, à la Chambre, du projet de loi adopté par le Sénat, M. de Lanjuinais proposa d'ajouter : *congé de trente jours au moins*. Il justifiait son amendement en faisant remarquer que la différence entre la permission et le congé résultait des instructions du ministre de la guerre, instructions que le ministre pouvait toujours modifier, alors qu'il importait, dans une question aussi importante, de ne rien laisser à l'arbitraire du ministre.

Le baron Reille qui soutenait l'amendement, reprenait l'argument de M. Georges Roche : « Suivant les cas, disait-il, le renvoi d'un militaire dans ses foyers pendant trente jours, pourra être qualifié de permission ou de congé. D'après le texte de la commission, si le militaire est en permission de trente jours, il ne peut pas voter ;

(1) *Journ. off.*, 21 juin 1887. Chambre, *Déb. parlem.*, p. 1307 et 1308, séance du 20 juin.

s'il est en congé d'un mois, il pourra voter et, cependant, dans les deux cas, il est dans ses foyers pour le même temps. »

Malgré ces arguments, l'amendement de M. de Lanjuinais, repoussé par la commission, fut écarté par la Chambre (1).

Au Sénat, le texte de la commission fut également attaqué : le général Robert demanda que l'expression *congé d'au moins deux mois* fût substituée à celle de *congé régulier*. Il en donnait, comme raison, que le gouvernement pouvait être tenté de donner des congés de trente-cinq jours, par exemple, à certains soldats, pour les faire voter dans les départements où l'on voudrait modifier le résultat du scrutin.

Mais le général Billot lui répondit, au nom de la commission : « qui dit *militaire en congé* dit *militaire renvoyé dans ses foyers* avec une autorisation régulière d'y rester plus d'un mois, attendu que les permissions ne dépassent pas la durée (maximum) de trente jours. » La modification proposée par le général Billot, fut repoussée ; il n'obtint que la suppression du mot *régulier*, tout congé devant être régulièrement délivré (2).

Ainsi l'interprétation du mot *congé* adoptée par les Chambres est bien la même que celle de l'autorité militaire : le congé est une autorisation régulière d'absence de plus de trente jours.

Le décret du 27 novembre 1868, qui a longtemps réglé cette question, disposait, en effet, dans son article 2

---

(1) *Journ. off.*, 19 décembre 1888. Chambre, *Déb. parlem.*, p. 3014, séance du 18 décembre.

(2) *Journ. off.*, 27 avril 1888, Sénat, *Déb. parlem.*, p. 617, 618, séance du 26 avril.

« Les absences pour cause de santé ou de convenances personnelles dont la durée doit dépasser trente jours, ne peuvent être autorisées que sous forme de congé. Les congés sont accordés par le ministre de la guerre. »

Le décret du 1er mars 1890, qui a remplacé celui de 1868 pour la guerre et celui du 26 février 1889 pour la marine, ont expressément limité toute *permission* d'absence à la durée de trente jours. Les *congés* sont des autorisations d'absence de plus de trente jours, accordées pour affaires personnelles, pour convalescence, pour aller aux eaux ou pour aller à l'étranger.

Les congés sont interdits, sauf le cas de convalescence, aux hommes de troupe non rengagés, ni commissionnés, ni engagés pour plus de trois ans. Lorsqu'ils sont autorisés, les congés sont accordés :

Pour affaires personnelles, pour trois mois au maximum, par le commandant de corps d'armée ; le ministre, seul, peut en autoriser de plus longs ;

Pour convalescence, pour trois mois, au maximum, aux officiers et six mois aux hommes de troupe, par le général de division ;

Pour aller aux eaux, pour deux mois, au maximum, par le commandant de corps d'armée ;

Pour aller à l'étranger, par le ministre de la guerre (1).

Le Conseil d'État a toujours fait rigoureusement respecter ces principes dans les élections en décidant, d'une façon constante, qu'un militaire en activité de service, ne peut, bien qu'il soit inscrit sur les listes électorales, être admis à prendre part aux opérations électorales, s'il

_____

(1) Décret du 1er mars 1890, art. 27, *Bull. off. du min. de la guerre*, p. 298.

est présent dans la commune, en vertu, non d'un congé régulier, mais d'une simple permission (1).

Peu importe la durée de la permission, la règle s'applique, qu'elle soit de quatre jours, de huit jours, de quinze jours (2) ou même de trente jours (3).

On a même refusé le droit de voter à un militaire qui avait obtenu un congé de convalescence de trente jours, parce que, pour avoir le caractère de congé, l'autorisation d'absence doit être délivrée *pour plus de trente jours* (4).

D'autre part, c'est au moment où l'absence est autorisée, qu'il faut se placer pour déterminer si le titre en vertu duquel le militaire est absent, est une permission ou un congé. Ainsi, un soldat avait obtenu une permission de quinze jours pour convalescence ; sur sa demande, elle avait été portée à quarante-cinq jours par le général commandant la subdivision. Bien que la durée de l'ab-

(1) Cons. d'Et., 7 août 1875, Elect. de Cornaut, *Leb. chr.*, p. 840 ; — 8 novembre 1878, Elect. de Rouvres, *Leb. chr.*, p. 886 ; — 4 février 1881, Elect. de Boves, *Leb. chr.*, p. 160 ; — 11 février 1881, Elect. de Bugnes, *Leb. chr.*, p. 193 ; — 3 août 1883, Elect. de Château-Thierry, *Leb. chr.*, p. 724 ; — 11 janvier 1884, Elect. de Quingey, *Leb. chr.*, p. 32 : — 17 décembre 1886, Elect. de Guillestre, *Leb. chr.*, p. 900 ; — 25 février 1887, Elect. de Créon, *Leb. chr.*, p. 174 ; — 6 avril 1887, Elect. de Montignac, *Leb. chr.*, p. 315 ; — 14 mars 1890, Elect. de Sumène, *Leb. chr.*, p. 285 ; — 15 mars 1890, Elect. d'Abbeville, *Leb. chr.*, p. 303 ; — 28 mars 1890, Elect. de Claret, *Leb. chr.*, p. 350 ; — 29 mars 1890, Elect. de Matignon, *Leb. chr.*, p. 386 ; — 1er avril 1890, Elect. d'Ossun, *Leb. chr.*, p. 392 ; — 25 août 1891, Elect. de Péro-Casevecchie, *Leb. chr.*, p. 320 ; — 24 mars 1893, Elect. de Murat et Elect. de Mayet, *Leb. chr.*, p. 297 ; — 9 décembre 1893, Elect. de Châtelaudren, *Leb. chr.*, p. 382 ;— 16 décembre 1893, Elect. de Joyeuse, *Leb. chr.*, p. 851 ; — 1er juillet 1897, Elect. de Rom., *Leb. chr.*, p. 509.

(2) Cons. d'Et., 24 mars 1893, précité ; — 29 mars 1890, précité ; — 8 juillet 1881, Elect. de Samonac, *Leb. chr.*, p. 682 ; — 6 août 1881, Elect. de Montaut, *Leb. chr.*, p. 811 ; — 16 décembre 1881, Elect. de St-Pierre-Benouville, *Leb. chr.*, p. 1005.

(3) Cons. d'Et., 17 décembre 1886, précité.

(4) Cons. d'Et., 29 janvier 1897, Elect. de Desmont, *Leb. chr.*, p. 66.

sence fut régulièrement, de plus de trente jours, le Conseil d'Etat refusa le droit de vote à ce militaire, parce qu'il était en permission et non en congé (1).

Ces dispositions sont applicables aux militaires de la réserve et de l'armée territoriale, régulièrement convoqués, car, nous l'avons vu, ils sont, dans ce cas, en activité de service.

A leur égard, l'article 52 de la loi du 15 juillet 1889 dispose, en effet : « Sous les drapeaux, les hommes de la réserve et de l'armée territoriale sont soumis à toutes les obligations imposées aux militaires de l'armée active par les lois et règlements en vigueur. » Par suite, ils ne peuvent voter lorsqu'ils sont absents du corps, en vertu d'une permission. Remarquons que ces militaires ne peuvent jamais voter pendant leurs périodes d'instruction, puisque ces périodes étant d'une durée inférieure à trente jours, ils ne peuvent obtenir de congés.

Le Conseil d'Etat a donc refusé le droit de vote à des réservistes accomplissant une période d'instruction et qui se trouvaient dans leurs communes au jour de l'élection en vertu d'une simple permission : peu importait qu'elle fût de 24 heures, de 48 heures ou de plusieurs jours (2).

(1) Cons. d'Et., 8 janvier 1897, Elect. de Mortemart, *Leb. chr.*, p. 8. C'est ce que disait le ministre de l'intérieur, dans ses observations devant le Conseil d'Etat : « La permission qui, inférieure à la limite de 30 jours, la dépasse ensuite par prolongation, ne change pas, pour cela, de caractère, à mon avis. C'est, en effet, au moment où l'absence a été autorisée, qu'il convient de se placer pour savoir si elle résulte d'une permission ou d'un congé. Quelque longue que soit une permission et quelques causes qui l'aient motivée, elle ne saurait, légalement, équivaloir à un congé. » En ce sens, Rabany, t. I, p. 166.

(2) Cons. d'Et., 25 nov. 1881, Elect. de Constantine, *Leb. chr.*, p. 926 ; — 5 août 1887, Elect. de Bernay, *Leb. chr.*, p. 631 ; — 27 déc. 1890, Elect. de Biozat, *Leb. chr.*, p. 1034 ; — 10 juill. 1893 (S. 95.3.65) ; — 26 nov. 1897, Elect. de St-Orse, *Leb. chr.*, p. 728.

La même solution a été admise, bien que la permission eût été accordée collectivement à tous les réservistes du canton, en vertu d'instruction du ministre de la guerre (1).

Il y a lieu, également, de refuser le droit de vote aux militaires de l'armée territoriale accomplissant une période d'instruction sous les drapeaux (2).

Mais certaines dispositions ont été prises, pour ne pas priver les militaires de la réserve et de l'armée territoriale de l'exercice de leurs droits politiques.

Aux termes de la lettre collective de l'Etat-Major général du ministère de la guerre, en date du 12 février 1884 (3), ces militaires ne doivent pas être empêchés de voter par les convocations et manœuvres d'instruction annuelles.

Au cas d'élections générales, le ministre de la guerre prend les mesures nécessaires pour assurer l'exécution de ces prescriptions. Au cas d'élections partielles, le préfet du département doit informer, le plus tôt possible, le général commandant le corps d'armée, de l'époque et des points où il doit y avoir des élections, afin que celui-ci puisse prendre ses dispositions en conséquence, et avancer ou retarder les appels (4).

(1) Cons. d'Et., 10 juillet 1893, Elect. de Châteaubourg, *Leb. chr.*, p. 596.
(2) Cons. d'Et., 22 novembre 1889, Elect. de Redessan, *Leb. chr.*, p. 1060 ; — 21 déc. 1889, Elect. d'Oinville, *Leb. chr.*, p. 1209.
(3) *Bull. off. du Min. de l'Int.* (1884), annexe militaire, p. 18.
(4) Circ. Min. Int., 16 mars 1887, *Bull. Min. Int.*, 1887, p. 61. « Dans « le cas d'élections générales, les dates des convocations seront fixées de « manière à ce que les hommes soient présents dans leurs foyers pendant « la période électorale.
« Dans le cas d'élections partielles n'intéressant que certaines parties du « territoire, des sursis d'appel seront accordés aux réservistes et aux hom- « mes de l'armée territoriale de ces régions, qui se trouveraient compris

Ces règles s'appliquent à toutes les élections politiques, c'est-à-dire non seulement aux élections à la Chambre des députés, mais encore aux autres élections (Sénat, Conseil général, etc.). Seulement, pour toutes les élections autres que les élections législatives, il suffit de mesures individuelles : le préfet demande, pour les intéressés, des sursis d'appel ou des renvois anticipés dans leurs foyers (1).

Quelle serait la sanction du vote des militaires en activité de service et non pourvus d'un congé ? En dehors des peines disciplinaires, dont l'autorité militaire pourrait frapper les militaires coupables de cette infraction, des faits de cette nature doivent-ils avoir quelque influence sur l'élection ?

Le ministre de l'intérieur a donné, à cet effet, les instructions suivantes à ses agents : « Les présidents des bureaux électoraux doivent *refuser* le vote des militaires qui ne se trouveraient pas dans les conditions particulières déterminées par la loi, et qui, seules, peuvent leur permettre d'exercer leurs droits électoraux (2). »

En droit, cette solution n'est nullement fondée, car le bureau de vote n'est pas juge de la capacité électorale de ceux qui se présentent pour voter, étant régulièrement inscrits sur les listes (3). Mais, *en fait,* nous reconnaîtrons qu'elle n'est pas de nature à donner lieu à des

« dans une convocation générale ayant lieu en même temps que ces élec-
« tions partielles. Quant à ceux qui, devant également prendre part au
« vote, seraient compris dans des convocations successives ou indivi-
« duelles, ils seront appelés avant ou après la période électorale. »

(1) Circ. Min. Intér., 7 avril 1887, *Bull. Min. Intér.*, 1887, p. 74.

(2) Circ. Min. Intér., 10 avril 1884, *Bull. Min. Intér.*, 1884, p. 166 ;
9 septembre 1885, *id.*, 1885, p. 199 ; 25 juillet 1893, citée par Uzé (*Nullité en mat. d'élect. politique*), p. 446.

(3) Uzé, p. 446.

inconvénients sérieux. Lorsqu'il ne peut exister aucun doute sur la qualité de militaire en activité de service d'un électeur, et sur la nature du titre en vertu duquel il est absent de son corps, si le président du bureau électoral refuse le vote de ce militaire dont le suffrage est susceptible de modifier le résultat du scrutin et, peut-être, de faire annuler l'élection, il est certain que celui-ci, qui s'est présenté au scrutin par ignorance, n'insistera pas, sachant à quelles peines il s'exposerait, au cas contraire.

Mais s'il peut y avoir hésitation, le président du bureau n'osera pas prendre sous sa responsabilité de refuser le vote : il se contentera, si le militaire insiste pour voter, de l'avertir que la loi prive les militaires du droit de vote et acceptera son bulletin sous réserves ; c'est, alors, à la juridiction administrative qu'il appartiendra de décider, en cas de contestation, si l'électeur avait, ou non, le droit de voter.

Les militaires en congé régulier ont, incontestablement, le droit de voter, et c'est avec raison que le bureau les admet au scrutin (1).

Mais si le bureau a refusé le vote d'un militaire en congé, il y a lieu d'ajouter une voix au nombre des votants pour le calcul de la majorité absolue et une voix aux suffrages des candidats non élus pour le calcul de la majorité relative (2). L'élection ne peut être maintenue, que si le candidat proclamé conserve encore la majorité après cette rectification (3).

<hr>

(1) Cons. d'Et., 13 janvier 1894, Elect. de Coivert, *Leb. chr.*, p. 41.

(2) Cons. d'Et., 1878, Elect. de Santo-Pietro, *Leb. chr.*, p. 760.

(3) Cons. d'Et., 25 mars 1893, Elect. de St-Florent, *Leb. chr.*, p. 297. Rappelons que, pour être élu au premier tour de scrutin, il faut réunir la ma-

Quant au vote des militaires en permission, il emportera les conséquences suivantes : il y a lieu de retrancher un nombre de suffrages égal au nombre des militaires qui ont voté, au premier tour de scrutin, tant du chiffre des suffrages exprimés, que de celui des voix obtenues par les candidats proclamés ou demandant à l'être, et, au second tour de scrutin, du chiffre des voix obtenues par ces candidats. Les candidats proclamés élus ne peuvent être maintenus, et ceux demandant à être proclamés ne peuvent l'être qu'autant, qu'après cette déclaration ils conservent ou obtiennent, au premier tour de scrutin, la majorité absolue et la majorité relative sur leurs concurrents qui ne demandent pas à être proclamés, et, au second tour de scrutin, la majorité relative sur leurs concurrents qui ne demandent pas à être proclamés (1).

Si ce retranchement a, pour conséquence, l'égalité de voix entre le candidat proclamé élu et un candidat non élu et plus âgé, il y a, lieu d'annuler l'élection sans qu'on doive proclamer le candidat plus âgé, qui ne peut, à son tour, supporter le même retranchement sans perdre la majorité relative (2).

Mais le fait qu'un ou plusieurs militaires en activité

jorité absolue des suffrages exprimés et un nombre de suffrages égal au quart des électeurs inscrits. Au second tour, la majorité relative suffit, sans que la seconde condition soit exigée.

(1) Cons. d'Et,, 27 mars 1885, Elect. de Brignoles, *Leb. chr.*, p. 366 ; — 15 janvier 1886, Elect. de Saintes, *Leb. chr.*, p. 45 ; — 29 juin 1889, Elect. de Banon, *Leb. chr.*, p. 823 ; — 18 avril 1891, Elect. d'Hautmont, *Leb. chr.*, p. 298 ; — 7 novembre 1891, Elect. du Bouchet-St-Nicolas, p. 648 ; — 10 juillet 1893 (S. 95.3.65) ; — 9 décembre 1893 (S. 95.3.102) ; — 17 janvier 1896, Elect. des Martigues, *Leb. chr.*, p. 47 ; — 19 juin 1896, Elect. de Redon, *Leb. chr.*, p. 498 ; — 14 novembre 1896, Elect. de St-Geniez, *Leb. chr.*, p. 730.

(2) Cons. d'Et., 18 juin 1897, Elect. de Chastang, *Leb. chr.*, p. 483.

de service ont pris part au vote, n'a pas pour conséquence
de faire annuler l'élection, si leur participation aux opérations électorales n'a pas eu pour effet de modifier le
résultat du scrutin, à raison de la majorité considérable
obtenue par le candidat proclamé élu (Ch. des députés,
19 octobre 1885 ; Elect. de la Haute-Saône, *J. Off.* du
20 novembre, p. 45 ; Cons. d'Et., 15 décembre 1888, Elect.
de Nice, *Leb. chr.*, p. 991 ; — 28 déc. 1888, Elect. de
Blandy, *Leb. chr.*, p. 1045 ; — 5 mai 1894, Elect. de
St-Remy-s.-Durolle, *Leb. chr.*, p. 336).

IV. — Disponibilité et cadre de réserve.

La disponibilité est la position spéciale de l'officier
général ou d'état-major appartenant au cadre constitutif
et, momentanément, sans emploi (L., 19 mai 1834, art. 3,
§ 2). Depuis la loi, du 10 mai 1880, qui a supprimé le corps
d'état-major, les officiers de ce service sont placés dans
la même situation que les officiers des corps de troupe.
La disponibilité ne s'applique donc plus qu'aux officiers
généraux et assimilés.

Quant au cadre de réserve, c'est également une situation spéciale aux officiers généraux et assimilés qui, parvenus à la limite d'âge du commandement actif, cessent
toute fonction active, mais font encore partie de l'armée
et peuvent être employés, en temps de guerre, à la différence des officiers retraités.

CHAPITRE II

ÉLIGIBILITÉ.

Les principes, consacrés par le législateur, au sujet de
l'éligibilité des militaires aux assemblées électives ont
varié ; pour certaines de ces assemblées, les militaires
étaient éligibles comme les autres citoyens ; pour d'autres, ils n'étaient frappés que d'inéligibilité relative ;
pour d'autres, enfin, ils étaient frappés d'inéligibilité absolue.

Aujourd'hui, la législation est unifiée sur cette question, et les militaires sont inéligibles à toutes les assemblées électives. Cette règle n'admet qu'un nombre infime
d'exceptions, les mêmes pour tous les corps élus, et
consacrés dans le but de ne pas priver ces assemblées
des connaissances spéciales et de l'expérience des militaires déclarés éligibles. Nous allons donc exposer successivement l'état de la législation pour :

Les élections législatives (Sénat et Chambre des députés) ;

Les élections départementales (Conseil général et d'arrondissement) ;

Les élections municipales.

SECTION I. — Élections législatives.

I. — Sénat.

Aux élections générales du 8 février 1871, les électeurs envoyèrent siéger à l'Assemblée Nationale le plus grand nombre d'officiers qu'on vit jamais dans une Chambre législative. Le pays s'était adressé à la plupart des chefs de l'armée, en qui s'était personnifiée la résistance désespérée de la France, pour leur demander le concours de leur expérience. « Faire la paix et, par conséquent,
« constater l'état de nos forces, en recueillir les débris,
« rechercher les causes de nos revers, relever le moral
« des troupes, rendre à la nation elle-même un peu de
« confiance et lui demander les sacrifices dont une
« cruelle expérience venait de montrer la nécessité, voilà
« entre autres choses, ce dont il s'agissait (1). »

Cependant les passions politiques avaient divisé l'Assemblée. Pour ne pas mêler les représentants de l'armée aux luttes des partis, M. Philippoteaux déposa, le 14 novembre 1873, la proposition de loi suivante :

« A l'avenir et jusqu'au vote d'une nouvelle loi électo-
« rale, aucun militaire ou marin appartenant au service
« actif dans les armées de terre ou de mer, quels que
« soient son grade ou ses fonctions, ne peut être élu
« membre de l'Assemblée Nationale. »

Malgré une vive opposition, l'urgence fut déclarée, et

---

(1) Rapport de M. Fresneau, au nom de la Commission de l'armée, sur la proposition Philippoteaux, annexe n° 2091, *Journ. off.*, 3 janvier 1874, p. 53.

la proposition renvoyée à la commission de l'armée (1).
Celle-ci admit la proposition en y ajoutant le paragraphe
suivant :

« Cette disposition s'applique aux militaires et marins
« en disponibilité ou en non-activité, mais ne s'étend ni
« aux officiers placés dans la deuxième section de l'état-
« major général, ni à la réserve active. »

On s'apercevait déjà, à cette époque, du danger que la
présence de militaires, en activité de service, dans les
Assemblées législatives, pouvait faire courir à la discipline militaire.

Mais l'Assemblée Nationale ne devait avoir qu'un temps :
il lui fallait élaborer une Constitution et, son œuvre ter-
minée, elle disparaîtrait. Aussi, les défauts de son organisme pouvaient-ils être corrigés dans les Assemblées qui
lui succéderaient.

Par la loi du 13 mars 1873, l'Assemblée Nationale avait
déclaré qu'elle ne se séparerait pas sans avoir statué sur
la création et les attributions d'une seconde Chambre.
L'enfantement du Sénat fut aussi long que laborieux, et
faillit compromettre la Constitution.

On admettait, généralement, que le Sénat devait être
un corps « pondérateur » et l'on cherchait à lui assurer un
recrutement différent de celui de la Chambre des députés.
Il paraissait donc devoir se composer des grandes notabilités du pays, de tous ceux qui dans l'administration,
l'armée, la justice, les finances, ayant exercé de hautes
charges, joignaient à une longue expérience, la pratique
des affaires.

C'est dans ce sens que furent rédigés la plupart des

(1) *Journ. off.*, 15 novembre 1873, séance du 14 novembre, p. 6949 et
suiv.

projets présentés pour assurer son recrutement, émanant soit de l'initiative parlementaire, soit de l'initiative gouvernementale.

Dans le projet de loi, déposé le 19 mai 1873, au nom de M. Thiers, Président de la République, par M. Dufaure, garde des sceaux, l'article 5 limitait le recrutement des sénateurs dans les catégories suivantes :

1° Les membres de la Chambre des Représentants ;

2° Les anciens membres des Assemblées législatives ;

3° Les ministres et anciens ministres ;

4° Les membres du Conseil d'État, de la Cour de cassation et de la Cour des Comptes ;

5° Les présidents et anciens présidents des conseils généraux ;

6° Les membres de l'Institut ;

7° Les membres nommés du Conseil supérieur du commerce, de l'agriculture et de l'industrie ;

8° Les cardinaux, archevêques et évêques ;

9° Les présidents de certains consistoires de la confession d'Augsbourg et de la religion réformée ;

10° Le président et le grand-rabbin du consistoire central des israélites de France ;

11° *Les Maréchaux de France et généraux de division, les amiraux et vice-amiraux, en activité de service ou dans le cadre de réserve*, les gouverneurs de l'Algérie et des trois grandes colonies ;

12° Les préfets en activité de service ;

13° Les maires des villes au-dessus de 100.000 habitants ;

14° Les fonctionnaires ayant rempli, pendant dix ans, les fonctions de directeurs dans les administrations centrales de ministères ;

15o Les magistrats en retraite ayant été membres de la Cour de cassation, des Cours d'appel, ou présidents des tribunaux civils.

D'après l'article 6, l'acceptation des fonctions de sénateur devait entraîner, de plein droit, la démission de l'emploi du nouvel élu (1).

Inspirée du même esprit, la proposition de loi de M. Cézanne déclare éligibles à la dignité de sénateurs certaines catégories de personnes, parmi lesquelles « *les anciens officiers ou fonctionnaires militaires qui ont obtenu dans l'armée régulière, soit le grade de colonel, soit le grade de capitaine de vaisseau, soit un grade équivalent (2)* ».

Une autre proposition, celle de M. Pradié, présentée le 4 avril 1873, donnait aux divers intérêts sociaux une représentation au Sénat, qui se composait alors :

1o Des délégués des départements, arrondissements et communes ;

2o Des délégués des différents corps de l'État et des divers groupes constitués, tels que l'armée de terre et de mer, l'ordre judiciaire, le clergé des divers cultes reconnus, le corps enseignant, la finance, le commerce, l'industrie et le travail.

Quant à l'armée, elle était, aux termes de l'article 6 de la proposition, représentée par :

1o *Les Maréchaux de France et amiraux, membres de droit ;*

2o *Dix officiers généraux des armées de terre et de mer appartenant à la deuxième section du cadre d'acti-*

----

(1) *Journ. off.*, 20 mai 1873, annexe no 1773, p. 3208.
(2) *Journ. off.*, 16 janvier 1873, annexe no 1527 p. 309, titre I, art. 7.

vilé, et nommés par les officiers en retraite ou démission-
naires des deux armées (1).

Le projet Dufaure avait entraîné la chute de M. Thiers.

Le ministère de Broglie déposa, le 15 mai 1874, un nouveau projet, d'après lequel la seconde Chambre, appelée Grand Conseil, était composée de trois catégories de membres :

1° Des membres de droit, dont *les Maréchaux et amiraux ;*

2° Des membres, nommés par le Président de la République, qui devaient être choisis dans dix-huit catégories de personnes, dont *les généraux de division et les vice-amiraux en activité de service, et dans le cadre de réserve.*

3° Des membres élus par les départements parmi tous les citoyens français âgés de vingt-cinq ans et jouissant de leurs droits civils et politiques et choisis par un collège électoral comprenant quatorze catégories d'électeurs, parmi lesquels *les officiers généraux du cadre de réserve, les officiers généraux et supérieurs en retraite des armées de terre et de mer et, dans les mêmes conditions, les fonctionnaires des départements de la marine et de la guerre qui leur sont assimilés par décret* (2).

C'est ce projet que la Commission des Trente admit pour base de la discussion, mais, après divers incidents, il fut abandonné (3), et la loi du 24 février 1875 fixa la

(1) *Journ. off.*, 22 mai 1873, p. 3263, annexe n° 1769. Cette proposition fut remaniée par son auteur et simplifiée. V. 2ᵉ proposition Pradié, *Journ. off.*, 28 novembre 1873, annexe nᵒ 2010, p. 7262. Enfin l'auteur présenta encore une 3ᵉ proposition qui ressemble, en beaucoup de points, au projet du duc de Broglie, *Journ. off.*, 14 mai 1874, annexe n° 1769 rectifié, p. 3254.

(2) *Journ. off.*, 31 mai 1874, annexe n° 2369, p. 3638 ; 1ᵉʳ juin 1874, p. 3652.

(3) V. sur ces événements, Esmein, *Elém. de droit constitutionnel*, 2ᵉ édit., p. 640 et suiv.

composition du Sénat à trois cents membres, dont 225 élus par les départements et les colonies, et 75 par l'Assemblée Nationale.

Après avoir posé les bases du recrutement du Sénat et déterminé les attributions de cette Assemblée, on s'occupa de fixer les règles de l'élection des sénateurs : ce fut l'objet de la loi du 2 août 1875.

§ 1. — Loi du 2 août 1875.

Le 18 mai 1875, M. Dufaure, garde des sceaux, présentait un projet de loi sur l'élection des sénateurs, dont l'article 18 était ainsi conçu :

« Sont inéligibles au Sénat, dans les départements où ils exercent leurs fonctions et dans les six mois qui suivront l'époque où ils auraient cessé de les exercer :

. . . .

3° Les officiers, de tous grades, de l'armée de terre et de mer ;

. . . .

La commission chargée de l'examen du projet de loi, n'était pas d'avis d'admettre des fonctionnaires au Sénat. « Exclure les fonctionnaires du vote de la loi, ce n'est pas les exclure de la préparation de la loi » écrivait son rapporteur, M. Christophle (1). Le gouvernement était, en effet, libre de s'entourer de renseignements et de consulter les fonctionnaires compétents, avant de déposer ses projets de loi.

La commission admit donc le principe de l'inéligibilité relative à l'égard des militaires et marins, tel qu'il avait été formulé dans le projet du gouvernement.

____

(1) *Journ. off.*, 5 juillet 1875, p. 4968.

Mais, d'autre part, elle déclarait, dans un article du projet qu'elle avait élaboré, le mandat de sénateur incompatible avec toutes fonctions publiques rétribuées, sauf quelques exceptions en faveur de fonctions politiques, judiciaires, ecclésiastiques et universitaires : c'était proclamer l'incompatibilité entre le mandat de sénateur et les fonctions militaires.

Aussi MM. Bethmont et Duclerc avaient-ils proposé l'addition suivante :

« Les officiers supérieurs et les officiers généraux de « toutes armes, élus sénateurs, seront considérés comme « étant en mission hors cadres, pendant la durée de leur « mandat. »

La minorité de la commission était favorable à cette addition. On faisait valoir l'utilité (presque la nécessité) d'ouvrir les rangs du Sénat, sans briser leur carrière, à des hommes qui n'arrivent aux emplois spéciaux qu'après avoir fait le sacrifice de leur santé et, souvent, de leur vie, pour le service et la défense du pays. Mais, d'autre part, la majorité faisait remarquer que l'addition proposée créerait, au profit des officiers supérieurs, une situation privilégiée par rapport aux fonctionnaires civils, puisqu'elle leur permettait de conserver leurs droits à l'avancement et leur commandement pendant la durée de leur mandat.

Après une longue discussion, l'addition fut repoussée (1). Pour le choix des sénateurs inamovibles par l'Assemblée, un amendement avait été déposé par M. Chaper qui fixait le choix de cinquante sénateurs inamovibles sur soixante-quinze, hors de l'Assemblée,

_____

(1) Rapport Christophle, *Journ. off.*, 5 juillet 1875, p. 4974.

dans cinq catégories de personnes. D'après l'auteur de cet amendement, on devait nommer, au moins :

10 sénateurs dans l'armée de terre ;
5   —   —   l'armée de mer ;
5   —   —   le clergé ;
10   —   —   la magistrature ;
10   —   —   l'Institut.

Mais la commission, estimant qu'il convenait de laisser à l'Assemblée Nationale la plus grande liberté pour cette nomination, écarta l'amendement Chaper (1).

Le projet de la commission, qui fut voté sans discussion, quant aux dispositions concernant les militaires, devint la loi du 2 août 1875 dont l'article 21 est ainsi conçu :

« Ne peuvent être élus par le département ou la colonie
« compris, en tout ou en partie, dans leur ressort, pendant
« l'exercice de leurs fonctions et pendant les six mois qui
« suivent la cessation de leurs fonctions par démission,
« destitution, changements de résidence ou de toute
« autre manière :

. . . .

8° Les officiers de tous grades de l'armée de terre et de mer ;

9° Les intendants divisionnaires et les sous-intendants militaires (2) ;

. . . .

(1) Rapport Christophle, *Journ. off.*, 5 juillet 1875, p. 4975. L'Assemblée Nationale, parmi les 75 sénateurs inamovibles soumis à son élection, choisit les généraux d'Aurelles de Paladine, Chanzy, Valazé, Chareton, de Cissey, Frébault, de Chabron, Changarnier, Billot et les amiraux Fourichon, de Montaignac, Jaurès et Pothuau. Plus tard, le Sénat, appelé à remplacer des sénateurs inamovibles, choisit encore les généraux ou amiraux Gresley, Farre, Campenon, Jauréguiberry et Peyron.
(2) *Journ. off.*, séance du 28 juillet 1875, p. 5980.

Il résultait de cette loi : 1° qu'il n'y avait pas incompatibilité entre le mandat de sénateur et les fonctions militaires (1) ; 2° que les militaires et marins étaient frappés d'inéligibilité relative, dans toute l'étendue de leur commandement ou dans tout le ressort de leurs fonctions, et non d'inéligibilité absolue ; 3° que cette inéligibilité relative s'appliquait à tous les officiers des armées de terre et de mer sans exception.

§ 2. — Loi du 9 décembre 1884.

La loi du 2 août 1875 frappait les militaires et les marins d'inéligibilité relative au Sénat, celle du 30 novembre 1875 les déclarait inéligibles d'une façon absolue à la Chambre des députés : il n'y avait donc pas égalité de traitement pour les membres des deux Chambres. La loi du 9 décembre 1884 fit disparaître cette anomalie.

Le gouvernement avait déposé, en 1884, un projet de loi modifiant le mode d'élection des sénateurs.

La commission du Sénat, pour tenir les soldats en dehors des luttes électorales, y introduisit un article sur l'inéligibilité des militaires (2).

Les militaires des armées de terre et de mer étaient déclarés inéligibles au Sénat, mais on exceptait :

1° Les Maréchaux et les amiraux ;

2° Les officiers généraux maintenus, sans limite d'âge, dans le cadre de la première section de l'État-Major général et non pourvus de commandement ;

----

(1) V. l'article 20.

(2) Rapport de M. Demôle, au Sénat, séance du 28 octobre 1884, *Journ. off.*, 29 octobre, *Déb. parlem.*, p. 1581.

3° Les officiers généraux ou assimilés, placés dans la deuxième section du cadre de l'État-Major général ;

4° Les militaires de la réserve et de l'armée territoriale.

Un amendement de M. le général Pellissier et de M. le colonel Meinadier avait, pour but, d'ajouter une cinquième catégorie d'exceptions : les généraux de division et les vice-amiraux qui, hors le cas de guerre ou de mission temporaire, devaient être mis en disponibilité hors cadres, pendant la durée de leur mandat.

L'un des auteurs de l'amendement, le général Pellissier, déclarait, à la tribune du Sénat, qu'en limitant le recrutement des militaires, pour la Haute Assemblée, aux généraux du cadre de réserve et aux officiers en retraite, on se priverait du concours précieux d'hommes fort au courant de tout ce qui intéressait l'armée, puisque, venant d'appliquer ou appliquant encore les règlements en vigueur, les méthodes nouvelles d'organisation ou d'ordre tactique, ils avaient une compétence indiscutable.

« Arrivés à l'échelon supérieur de la hiérarchie », disait-il des généraux de division, « ils ont rendu des servi-
« ces incontestables et, pendant leur carrière, ils ont fait
« preuve d'un esprit de conduite et d'une circonspection
« de langage, qui exclut toute crainte qu'ils portent, à cette
« tribune, des paroles contraires aux intérêts de l'armée
« ou fâcheuses pour la discipline. Égaux en grade au
« ministre de la guerre, ils ne perdront jamais de vue
« les égards qu'ils doivent au chef de l'armée ; mais
« leur opinion aurait un poids considérable à vos
« yeux (1). »

(1) Sénat, séance du 7 novembre 1884, *Journ. off.*, 8 novembre. *Déb. parlem.*, p. 1646 et suiv.

Le général Campenon, ministre de la guerre, combattit l'amendement qui fut repoussé par 103 voix contre 77.

Le projet de loi étant retourné au Sénat, par suite de modifications que lui avait fait subir la Chambre des députés, le général Billot, sénateur inamovible, proposa d'ajouter aux exceptions qui permettaient d'élire au Sénat certains militaires, une disposition additionnelle, comprenant les anciens ministres de la guerre et de la marine.

Il faisait remarquer que les anciens ministres peuvent, après avoir quitté le ministère, être attaqués pour les actes de leur administration. A ce moment, comme ils se trouvent rappelés à un commandement actif, ils ne peuvent, en vertu des règlements militaires, rien écrire sans l'autorisation de leur chef hiérarchique, le ministre ; et si celui-ci ne les défend pas, comme c'est son devoir, ou ne les autorise pas à répondre aux attaques portées contre eux, ils se trouvent ainsi rester sous le coup d'accusations injustes.

Le Sénat prit en considération l'amendement du général Billot, mais la commission le repoussa, à la majorité d'une voix. Le rapporteur motivait cette solution en invoquant l'intérêt supérieur du pays, qui exigeait que les soldats fussent rigoureusement tenus à l'écart de toute compétition électorale. A son avis, rien ne justifiait une dérogation à cette règle, à l'égard des anciens ministres.

« Quoi, s'écriait-il, il s'agirait du ministre d'hier, de celui qui a quitté le ministère, peut-être par l'effet d'un vote du Parlement qui aurait blâmé la direction générale donnée aux affaires du pays, et vous admettez que ce général, bon soldat et bon serviteur du pays, qui est rentré dans le rang et qui a été pourvu d'un commandement, qui doit son temps, son rang, son dévouement, sa fidélité au pays, pourra, après son échec ministériel de la veille, revenir, étant en activité de service, exposer ses opinions devant les électeurs, leur demander un mandat qui lui permettra de rentrer dans le Parlement ? Il est évident que si vous restez fidèles au principe qui a dicté votre première décision, vous avez des raisons encore plus graves, plus décisives quand il s'agit d'un ancien ministre (1). »

L'amendement du général Billot fut repoussé par 129 voix contre 107.

La loi du 9 décembre 1884 fut promulguée quelques jours après cette discussion et son article 4 est ainsi conçu :

« Les militaires des armées de terre et de mer ne peuvent être élus sénateurs. Sont exceptés de cette disposition :

1° Les maréchaux de France et amiraux ; 2° les officiers généraux maintenus sans limite d'âge dans la première section du cadre de l'état-major général et non pourvus de commandement ; 3° les officiers généraux ou assimilés placés dans la deuxième section du cadre de l'état-major général ; 4° les militaires des armées de terre et de mer qui appartiennent soit à la réserve de l'armée active, soit à l'armée territoriale. »

Le principe de l'inéligibilité absolue des militaires au Sénat étant, à son tour, posé par la loi du 9 décembre

_____

(1) Sénat, séance du 6 décembre 1884, *Journ. off.*, 7 décembre, *Déb. parlem.*, p. 1842 et suiv.

1881, la situation des militaires est la même dans les deux Chambres. Quant aux exceptions à cette règle, la loi de 1881 s'est inspirée de celle de 1875 sur l'élection des députés, en admettant l'éligibilité des mêmes militaires sous cette observation, que les maréchaux et amiraux étant toujours en activité de service, sont éligibles au Sénat sans l'être à la Chambre des députés.

Mais cette remarque est toute gratuite, puisque les cadres de l'armée de mer ne comprennent plus d'amiraux et que, depuis la mort du maréchal Canrobert, il n'y a plus de maréchaux de France.

II. — Chambre des Députés.

Les règles de l'éligibilité à la Chambre des députés, ont été établies par la loi du 30 novembre 1875 et n'ont jamais été modifiées : cette loi frappe les militaires d'inéligibilité absolue. Mais, pour montrer ensuite les conditions dans lesquelles l'accès de la Chambre est exceptionnellement permis aux militaires, il est nécessaire d'exposer la situation créée par la loi du 20 juillet 1895. C'est ce que nous ferons plus loin.

§ 1. — Loi du 30 novembre 1875.

Lors de la discussion de la loi de 1872, sur le recrutement de l'armée, M. Raoul Duval avait proposé d'ajouter à l'article 5 du projet, l'amendement suivant :

« Les militaires en activité de service ne sont pas éligibles. Cette inéligibilité cesse trois mois après qu'ils ont cessé d'appartenir à l'armée active. »

« L'amendement que nous proposons », disait-il,

« c'est, pour les militaires, le droit commun avec tous
« les fonctionnaires, avec cette différence que la plupart
« de ceux que la loi actuelle déclare inéligibles, sont
« obligés de se démettre, six mois avant l'élection, des
« fonctions qu'ils exercent. L'inéligibilité, pour certains
« fonctionnaires, est restreinte à la portion du pays où
« ils exercent leurs fonctions. Elle doit être générale dans
« le cas qui nous occupe : le prestige militaire s'exerce
« partout, parce que partout où il y se trouve, les fonc-
« tions si honorables, si élevées de l'état militaire sont
« un titre au choix des électeurs qui, dans une certaine
« mesure, peuvent être éblouis par l'éclat d'un grade
« élevé et l'autorité qui semble devoir toujours s'y atta-
« cher. »

M. Jules de Lasteyrie combattit ce paragraphe additionnel au nom de la commission, en faisant remarquer qu'il
trouverait plutôt sa place dans une loi électorale que dans
une loi sur le recrutement. L'Assemblée, par 108 voix
contre 101, fut du même avis (1).

L'Assemblée Nationale avait décidé, par la loi du
13 mars 1873 (art. 5) qu'elle ne se séparerait pas sans
avoir voté une loi électorale. Le gouvernement déposa, à
cet effet, un projet de loi, le 20 mai 1873, projet qui admettait l'éligibilité des militaires et ne frappait que certains
d'entre eux d'inéligibilité relative. En effet, aux termes
de son article 31 : « Ne peuvent être élus par l'arrondis-
« sement compris, en tout ou en partie, dans leur ressort,
« pendant l'exercice de leurs fonctions et pendant les six

____

(1) Assemblée Nationale, séance du 30 mai 1872, *Journ. off.*, 31 mai,
p. 3638 et s.

« mois qui suivent la cessation de leurs fonctions par dé-
« mission, destitution, changement de résidence ou de
« toute autre manière :

. . . . , ...

8° Les officiers généraux commandant les divisions et
subdivisions militaires ;

9° Les intendants divisionnaires et sous-intendants militaires ;

10° Les préfets maritimes (1).

La commission des lois constitutionnelles se prononça
contre l'éligibilité des militaires et son rapporteur,
M. Batbie, en donnait les raisons suivantes : « Les can-
« didatures militaires sont un danger pour la discipline.
« Elles portent l'attention des troupes sur les opinions de
« l'officier qui les commande. Est-il nommé, son succès
« soulève les désirs ambitieux de ceux qui l'approchent.
« S'il échoue, son autorité est affaiblie et les mécontents
« se serrent autour de lui, espérant tirer plus tard des
« faveurs de l'homme qu'ils entourent dans les mauvais
« jours. L'échec lui crée un parti qui travaille ardemment
« à préparer son élévation. C'est par ces liaisons qu'ont
« commencé, au delà des Pyrénées, tous les généraux
« fameux qui ont donné le signal des révoltes à main armée
« contre le gouvernement de leur pays (2). »

La commission ne frappait d'inéligibilité que les militaires en activité de service : elle exceptait les militaires
réformés, ceux en retraite, ceux de la territoriale et les
officiers généraux du cadre de réserve.

Son projet était ainsi conçu : « Art. 33. — Les militaires

(1) *Journ. off.*, 1er avril 1874, p. 2502.
(2) *Journ. off.*, 1er avril 1874, p. 2501.

en retraite ou en réforme, les officiers généraux placés dans le cadre de réserve, les soldats, sous-officiers et officiers de l'armée territoriale seront éligibles aux conditions fixées par la présente loi. L'éligibilité est suspendue, à l'égard des militaires ou assimilés de tous grades qui sont liés au service de l'armée active de terre ou de mer. Les bulletins portant le nom d'un militaire inéligible seront déclarés nuls et ne compteront pas dans le dépouillement. Ils seront joints au procès-verbal (1). »

L'article 31 du projet du gouvernement devint, en outre, l'article 36 du projet de la commission.

Mais la Commission des Trente démissionna à la suite de certains incidents, et, comme la loi sur l'électorat municipal avait été votée en 1874, il fallut remanier le projet qui fut présenté par une nouvelle commission.

L'article 7 de ce nouveau projet était semblable à l'ancien article 33 : on avait seulement ajouté à l'énumération des militaires éligibles « les maréchaux et les amiraux, les officiers généraux des armées de terre et de mer et les assimilés en activité de service ainsi que les soldats, sous-officiers et officiers de la réserve de l'armée active ». L'article 12 déclarait inéligibles les militaires de tout grade des armées de terre et de mer (2).

Lors de la seconde délibération sur l'article 7, MM. Francisque Rive et René Brice proposèrent l'amendement suivant : « Aucun militaire en activité de service n'est éligible. » M. Francisque Rive faisait remarquer les inconvénients qui résultaient de l'éligibilité des militaires : sous la monarchie de Juillet, les militaires élus avaient eu, grâce à leur fonction de député, un avancement plus

(1) *Journ. off.*, 1er avril 1874, annexe, n° 2320, p. 2504.
(2) *Journ. off.*, 14 août 1875, p. 6778.

rapide ; en 1848 et 1849, les élections militaires avaient donné lieu à des désordres graves dans l'armée. La discipline est, de plus, gravement compromise lorsqu'un officier candidat est discuté par son adversaire ou même lorsque deux militaires concurrents se réclament d'opinions différentes. « Pensez-vous, disait-il, qu'il soit bon « que, dans l'armée, dans notre généreuse armée, il y « ait des officiers qui portent la cocarde bleue, quand « tous doivent être fiers de porter la cocarde tricolore ? « Non, dans l'armée, quelles que soient les intimes pré- « férences, il ne doit y avoir qu'un drapeau, le drapeau de « la France (1). »

M. Jules Simon combattit l'amendement et proposa de le remplacer par le texte suivant :

« Les militaires des armées de terre et de mer et les assimilés, sont éligibles sous la réserve de l'article 10. L'éligibilité est suspendue à l'égard de ceux qui sont assujettis obligatoirement au service militaire. »

Comme on avait admis l'éligibilité des militaires au Sénat, en leur permettant de conserver leurs fonctions, M. Jules Simon proposait donc de décider qu'ils seraient éligibles à la Chambre, mais sans conserver leurs fonctions. Il jugeait nécessaire de permettre l'entrée des officiers à la Chambre pour l'étude des questions militaires et maritimes, car, à son avis, le meilleur ministre de la guerre était un soldat, le meilleur ministre de la marine, un marin.

Mais, s'il pensait qu'il convenait d'admettre des militaires à la Chambre, comme au Sénat, les objections que

____

(1) Assemblée Nationale, séance du 9 novembre 1875, *Journ. off.*, 10 novembre, p. 9164.

l'on pouvait faire contre l'éligibilité des officiers à l'une des deux assemblées s'appliquant à l'autre, il faisait, cependant, une différence entre le Sénat et la Chambre, puisque les militaires ne pourraient y entrer en conservant leur commandement, mais seulement avec leur grade.

Répondant enfin à ceux qui paraissaient redouter, en admettant l'éligibilité des militaires, les inconvénients de l'élection elle-même, M. Jules Simon déclarait qu'à son avis, la lutte électorale, loin de diminuer les hommes, les grandit.

M. Fresneau combattit la proposition de M. Jules Simon en faisant remarquer que ce que l'on redoutait, ce n'était pas tant les élections militaires que les « *candidatures* » militaires.

Le général de Cissey, ministre de la guerre montrait tout le danger de ces candidatures : les officiers candidats devraient obtenir la permission de s'absenter pendant la période électorale, puisqu'ils ne pourraient se présenter dans le département de leur garnison. Leur accordait-on cette autorisation, c'était désorganiser les cadres ; la leur refusait-on, c'était faire violence à l'exercice de leurs droits de citoyen. Enfin, s'ils n'étaient pas nommés, leur échec introduisait la politique au régiment, car leurs collègues pouvaient discuter les opinions émises dans leur profession de foi.

Aussi, le ministre proposait-il une rédaction qui refusait l'éligibilité aux militaires et marins en activité de service.

MM. Fresneau, Francisque Rive et René Brice s'étant ralliés à cette rédaction, ce texte fut adopté par 450 voix contre 209 (1).

(1) Assemblée Nationale, séance du 9 novembre 1875, *Journ. off.*, 10 novembre, p. 9163 et suiv.

L'article exceptait de l'inéligibilité les officiers généraux placés dans la deuxième section de l'état-major général, et ceux maintenus dans la première section comme ayant commandé en chef devant l'ennemi.

Le général Billot demanda à faire ajouter aux généraux ayant commandé en chef devant l'ennemi, mais âgés de plus de soixante-cinq ans, ceux qui, ayant commandé en chef, n'avaient pas encore cet âge, ainsi que les maréchaux et amiraux.

Le ministre s'y opposa pour les généraux n'ayant pas encore soixante-cinq ans, ne voulant laisser faire aucune distinction entre tous les officiers en activité de service, également inéligibles. Il ajouta :

« Les maréchaux et amiraux sont en activité perma-
« nente jusqu'au jour de leur mort ; leur place me paraît
« devoir être au Sénat et non dans la Chambre des dé-
« putés. »

Aussi l'amendement Billot fut-il repoussé (1).

Un paragraphe additionnel fut alors présenté par le colonel Denfert-Rochereau dans les termes suivants :

« Seront considérés comme militaires en retraite les
« militaires en instance de retraite. »

L'Assemblée refusa de l'adopter (2).

Un autre amendement fut présenté par M. du Temple, en faveur des officiers généraux et supérieurs en dispo-nibilité au moment des élections, mais, en réalité, en

____

(1) Assemblée Nationale, séance du 10 novembre 1875, *Journ. off.*, 11 novembre, p. 9186 et 9187.

(2) Assemblée Nationale, séance du 11 novembre 1875, *Journ. off.*, 12 novembre, p. 9188.

faveur du principe de l'éligibilité des militaires : « Com-
« ment, s'écriait-il, vous admettez que l'avocat et que le
« médecin conservent leur clientèle ; que le banquier,
« l'industriel, le commerçant conservent leurs moyens
« de faire fortune ; que l'ingénieur conserve sa place
« lucrative et l'ambassadeur ses magnifiques émolu-
« ments ; que les propriétaires conservent leurs biens et
« seul, parmi tous les citoyens, l'officier — à qui vous
« avez déjà retiré l'avancement et le modeste traitement
« acquis souvent par de longues années de fatigues et
« de dangers — seul, l'officier n'aura pas, pour repré-
« senter son pays, le droit que vous accordez à l'honnête
« gâcheur de mortier (1) ! »

Son amendement fut repoussé et le paragraphe 1er de
l'article 7, voté dans les termes suivants : « Aucun mili-
« taire ou marin, faisant partie des armées de terre ou de
« mer, ne pourra, quels que soient son grade ou ses
« fonctions, être élu membre de la Chambre des dépu-
« tés. »

Le second paragraphe, adopté en deuxième délibération fut modifié sur un amendement du général Robert,
accepté par la commission à l'unanimité et par les ministres de la guerre et de la marine.

Cet amendement comportait deux innovations : d'une
part, il avait pour but d'empêcher les généraux maintenus
en activité, comme ayant commandé en chef devant l'ennemi, d'être éligibles s'ils avaient conservé un commandement actif ; autrement, ils seraient éligibles en vertu
de l'article 7, alors que l'article 2 leur refusait le droit
d'être électeurs, ce qui constituerait une contradiction

---

(1) Assemblée Nationale, séance du 24 novembre 1875, *Journ. off.*,
25 novembre, p. 9650.

manifeste avec le principe en vertu duquel pour être éligible, il faut être électeur).

D'autre part, l'amendement du général Robert reprenait le principe de celui du colonel Denfert-Rochereau, autrefois repoussé par l'Assemblée, et qui assimilait aux militaires en retraite, les militaires en instance de retraite.

Les paragraphes 2 et 3 de l'article 7 furent donc adoptés dans les termes suivants : « Cette disposition s'applique aux militaires et marins en disponibilité ou en non-activité, mais elle ne s'étend, ni aux officiers placés dans la deuxième section du cadre de l'état-major général, ni à ceux qui, maintenus dans la première section comme ayant commandé en chef devant l'ennemi, ont cessé d'être employés activement, ni aux officiers qui, ayant des droits acquis à la retraite, sont envoyés ou maintenus dans leurs foyers en attendant la liquidation de leur pension.

La décision par laquelle l'officier aura été admis à faire valoir ses droits à la retraite, deviendra, dans ce cas irrévocable (1). »

Enfin, le dernier paragraphe de l'article 7 était ainsi conçu : « La disposition contenue dans le premier paragraphe du présent article ne s'applique pas à la réserve de l'armée active, ni à l'armée territoriale. »

Sur l'article 12, qui énumérait les cas d'inéligibilité relative, M. Bethmont proposa d'ajouter : « Les officiers supérieurs de l'armée territoriale dans la circonscription où ils exercent leurs fonctions, lorsque l'effectif placé

____

(1) Assemblée Nationale, séance du 24 novembre 1875, *Journ. off.*, 25 novembre, p. 9651.

sous leur commandement comprend le dixième,au moins, des électeurs inscrits. »

Cet amendement avait pour but, d'après son auteur, d'empêcher l'officier supérieur de l'armée territoriale de porter sa candidature devant ses troupes. « Il ne peut « s'adresser aux officiers placés sous ses ordres et leur « demander si, oui ou non, ils voteront pour lui ; ne per- « mettez pas qu'il le puisse faire », disait M. Bethmont, « car, si vous l'y autorisez, la réponse, quelle qu'elle soit, « sera déplorable ; s'ils l'acclament, ils s'abaissent et « l'électeur disparaît devant le soldat ; s'ils le repoussent, « ils se révoltent, et la vertu militaire souffre de l'indé- « pendance du citoyen. »

Le général Changarnier et le ministre de la guerre combattirent cet amendement. Ils faisaient justement remarquer qu'en vertu des règles de constitution de l'armée territoriale, il faudrait déclarer les colonels de cette armée inéligibles dans sept ou huit départements, et les obliger à aller présenter leur candidature loin du pays où ils sont aimés et estimés.

L'Assemblée repoussa cet amendement (1).

§ 2. — Loi du 20 juillet 1895.

L'application de la loi militaire donna lieu, au point de vue de l'élection des députés, à certaines difficultés pratiques. Frappés de ce que, avec la législation en vigueur, des individus qui n'auraient pas satisfait aux obligations imposées par la loi sur le recrutement à tous les Français, pouvaient se présenter à la députation et se

---

(1) Assemblée Nationale, séance du 25 novembre 1875, *Journ. off.*, 26 novembre, p. 9176 et s.

faire élire députés, plusieurs membres du Parlement déposèrent des propositions de lois tendant à mettre un terme à ces abus (1).

L'élection de M. Paul Lafargue à la Chambre des députés, montra tout l'intérêt de ces propositions et, le 11 août 1893, fut promulguée une loi qui modifiait l'article 7 de la loi sur le recrutement de l'armée, dans les termes suivants :

« Nul ne peut être admis dans une administration de « l'État ou ne peut être investi de fonctions publiques « électives, s'il ne justifie avoir satisfait aux obligations « imposées par la présente loi. »

Le but de cette loi, était de frapper de déchéance ceux qui s'étaient soustraits aux obligations militaires.

Le législateur de 1893 avait créé un nouveau cas d'indignité ; un incident parlementaire souleva une nouvelle question d'incompatibilité.

Un professeur de l'Université, M. Mirman, qui, sous l'empire de la loi de 1872, avait contracté un engagement décennal dans l'enseignement, ayant été élu député avant d'avoir terminé ses dix ans de service dans l'instruction publique, fut appelé à l'activité par le ministre de la guerre, avant que son élection eût été validée par la Chambre.

L'exécution de l'ordre d'appel fut, d'ailleurs, suspendue et l'élection de M. Mirman fut validée dans la séance du 9 décembre 1893 (2).

____

(1) Proposition de loi de M. le Provost de Launay, du 30 novembre 1891 ; de M. Desprès, du 1ᵉʳ décembre 1891 (*Journ. off.*, 1ᵉʳ décembre. Chambre des députés, *Déb. parlem.*, p. 2352 ; *Doc. parlem.*, Chambre, février 1892, p. 2887).

(2) *Journ. off.*, 10 décembre. Chambre, *Déb. parlem.*, p. 207 et s.

M. Mirman fut appelé aussitôt sous les drapeaux pour y accomplir son service actif, dont il n'avait été dispensé qu'à titre conditionnel, et l'on se trouva en présence d'un militaire en activité de service, membre de la Chambre des députés, situation délicate, en contradiction formelle avec l'intention du législateur, mais qui résultait seulement du libre fonctionnement des institutions.

Cette situation anormale était également susceptible de se présenter avec la loi du 15 juillet 1889. Cette loi a, en effet, établi un certain nombre d'exceptions au droit commun. En principe, tout Français doit le service militaire actif pendant trois ans. Mais trois catégories d'individus peuvent profiter de dispenses qui sont « non des « faveurs personnelles, mais des concessions faites à de « grandes nécessités sociales » (1).

Ces dispenses sont établies dans l'intérêt de la famille ou pour la sauvegarde du patrimoine scientifique et littéraire de la nation. Mais, alors que, pour les deux premières catégories de dispensés, la cessation de la cause de leur dispense n'a aucune influence sur leur situation militaire, puisqu'ils suivent le sort de leur classe, il n'en est plus de même pour la troisième catégorie.

Les dispensés de cette catégorie doivent fournir les justifications exigées par la loi avant un âge déterminé, sous peine de compléter leur service actif : un professeur qui n'a pas accompli l'engagement décennal qu'il a dû contracter, un séminariste qui n'est pas, à un âge déterminé par la loi (26 ans), pourvu d'un emploi de ministre du culte, etc., etc., est rappelé sous les drapeaux pour compléter à trois ans le service actif qu'il a déjà fourni.

(1) M. Joseph Fabre au Sénat, le 22 février 1895, *Journ. off.*, 23 fé vrier. *Déb. parlem.*, p. 78.

Jusqu'à 26 ans, les dispensés de la troisième catégorie sont donc menacés d'être rappelés à l'activité, et ils ne sont complètement libérés du service qu'après cet âge.

Or, comme tout citoyen est, en principe, éligible à la Chambre des députés à l'âge de 25 ans, il pourrait se présenter, aujourd'hui encore, une situation analogue à celle que nous avons exposée : l'élection d'un *député* éventuellement *à la disposition du ministre de la guerre* (et, sous le régime parlementaire, ces idées sont d'un rapprochement impossible) s'il ne fournissait pas les justifications exigées par la loi avant l'âge de 26 ans.

Ce cas ne peut se présenter pour le Sénat puisque l'éligibilité à cette Assemblée est fixée à quarante ans et qu'à cet âge, tous les Français font partie de l'armée territoriale.

Convenait-il de légiférer, pour un cas si particulier, puisque, pour la réalisation de l'hypothèse, il fallait supposer l'élection d'un dispensé conditionnel entre sa vingt-cinquième et sa vingt-sixième année? Le Sénat, dans le but d'éviter le retour d'incidents survenus dans une autre enceinte, jugea bon de compléter, sur ce point, la législation. Une proposition de loi déposée au Sénat, le 12 novembre 1894, par M. Maxime Lecomte, avait pour but de soustraire à l'autorité militaire, en temps de paix comme en temps de guerre, les membres des deux Chambres pendant la durée des sessions (1).

Quelques jours plus tard, le 20 novembre, un autre membre de la Haute Assemblée, M. Joseph Fabre, déposait une proposition analogue, mais qui, de plus, dé-

____

(1) Sénat, *Docum. parlem.*, janvier 1895, annexe, n° 12, p. 304.

clarait inéligibles les citoyens qui n'auraient pas satisfait entièrement aux prescriptions de la loi militaire concernant le service actif (1).

Ces deux propositions de loi furent prises en considération et renvoyées à l'examen d'une commission dont M. Fabre fut nommé rapporteur.

Celui-ci établit qu'il s'agissait d'un cas d'incompatibilité et non d'indignité, comme dans le cas prévu par la loi de 1893. La loi devait déclarer incompatibles le service militaire actif et le mandat législatif. On se trouvait en présence d'un citoyen à la fois député et soldat, et comme il ne pouvait remplir, à la fois, les obligations résultant de cette double situation, il fallait donc opter. « Légiférer au Palais-Bourbon, en même temps qu'on « fait l'exercice à la caserne, voter comme député pour ou « contre le ministre de la guerre en même temps que, « comme soldat, on est sous les ordres des subordonnés « du ministre, depuis le général jusqu'au caporal, c'est « là une monstruosité absolument contraire aux exigen- « ces du bon sens et à l'esprit de nos lois organiques qui « refusent même l'exercice des droits d'électeur aux sol- « dats dans les rangs (2). »

La commission proposait donc de déclarer qu'on ne pouvait être membre du Parlement, si l'on n'avait défini-tivement satisfait aux prescriptions de la loi militaire concernant le service actif et, d'autre part, que les mem-bres du Parlement qui se trouveraient sous les drapeaux, ne pourraient participer aux travaux de l'Assemblée à laquelle ils appartenaient.

(1) Sénat, *Docum. parlem.*, janvier 1895, annexe, n° 17, p. 307.
(2) Rapport de M. Fabre au Sénat, *Docum. parlem.*, avril 1895, annexe, n° 23, p. 17.

Dans la discussion qui eut lieu au Sénat, lors de la première délibération, M. Fabre exposait nettement la difficulté qu'il s'agissait de résoudre.

« Le mandat de représentant, disait-il, ne peut être ni
« supprimé ni suspendu ; il prime tous les mandats. Mais
« si le devoir militaire s'efface devant le devoir parlemen-
« taire, que devient le grand principe d'égalité, loi de toute
« démocratie? Et, d'autre part, comment admettre qu'un
« dispensé conditionnel échappe aux obligations militai-
« res communes à tous les Français, en se faisant nom-
« mer député *et fasse de l'enceinte où se font les lois, le*
« *refuge des fuyards de la loi?* »

La loi du 30 novembre 1875 sur l'élection des députés suffit, peut-être, à donner la solution de la question, puisque son article 7 refuse aux militaires l'accès de la Chambre, et que cette prohibition s'applique aux militaires en non-activité et en disponibilité. Or, les dispensés ne sont-ils pas des militaires en disponibilité, puisque la loi de 1889, elle-même, les appelle des militaires « envoyés en congé dans leurs foyers » ? En tout cas, l'avantage de la loi proposée, c'est de faire cesser toute controverse.

Le garde des sceaux, M. Trarieux, défendit le projet au nom du gouvernement. Il considérait que l'état actuel des choses était la cause d'un trouble évident.

« Mais, disait-il, nous ne pouvons y mettre fin que si
« fermant la caserne aux députés, nous fermons, en même
« temps, la porte de la Chambre des députés à ceux qui
« n'ont pas rempli leurs obligations militaires.

« Or, qu'est-ce que d'accomplir son service militaire?

« C'est se mettre en règle avec les engagements dont on
« est tenu vis-à-vis de la loi ; c'est faire une ou trois an-
« nées de service sous les drapeaux, suivant les éventua-
« lités que cette loi détermine.

« Si on a la faveur de ne faire qu'une année de service
« parce qu'on a contracté telle obligation, considérée
« comme une équivalence, on n'est libéré que le jour où
« cette obligation aura été remplie.

« Tant que l'on n'a pas achevé le plein accomplisse-
« ment de ses engagements, le service militaire reste
« obligatoire (1). »

Le projet de la commission, adopté par le Sénat, fut
voté, avec quelques modifications, par la Chambre, après
déclaration d'urgence et devint la loi du 20 juillet 1895,
aux termes de laquelle :

Art. 1er, § 1er : « Nul ne peut être membre du Parle-
« ment, s'il n'a satisfait définitivement aux prescriptions
« de la loi militaire concernant le service actif...

Art. 2. — En temps de paix, les membres du Parlement ne peuvent faire aucun service militaire pendant
les sessions, si ce n'est sur la demande du ministre de
la guerre, de leur propre consentement et après une décision favorable de l'Assemblée à laquelle ils appartiennent.

Art. 3. — Les membres du Parlement, faisant un service militaire, ne peuvent participer aux délibérations ni
aux votes de l'Assemblée à laquelle ils appartiennent.

En cas de convocation de l'Assemblée Nationale, leur
service militaire est suspendu de plein droit, pendant
la durée de la session de cette Assemblée.

(1) Sénat, séance du 22 février 1895. *Journ. off.*, 23 février. *Déb. parlem.*, p. 78 et s.

Art. 4. — Les dispositions des articles 2 et 3 ci-dessus, ne s'appliquent pas aux officiers généraux maintenus, sans limite d'âge, dans la première section du cadre de l'état-major général et aux officiers généraux ou assimilés placés dans la deuxième section du cadre de l'état-major général. »

Les militaires en activité de service sont donc, désormais, dans l'impossibilité absolue d'être élus membres de la Chambre des députés, à l'exception de quelques cas réservés par la loi de 1875.

III. — Incompatibilités parlementaires.

L'incompatibilité entre certaines fonctions et un mandat électif déterminé, consiste dans l'impossibilité d'exercer, *en même temps*, ces fonctions et le mandat électif. Le fonctionnaire élu est donc obligé d'opter, dans un certain délai, entre son mandat et ses fonctions, et son silence équivaut généralement à la démission *de ses fonctions*.

L'incompatibilité se distingue de l'inéligibilité en ce que, lorsqu'une personne exerce des fonctions incompatibles avec un mandat électif, il lui est permis de solliciter le suffrage des électeurs et de se faire nommer ; en cas d'élection, seulement, l'incompatibilité a pour effet d'empêcher la continuation de ses fonctions en même temps que l'exercice du mandat. Le fonctionnaire doit choisir.

Au cas d'inéligibilité, au contraire, il est impossible pour la personne frappée d'inéligibilité à raison de ses fonctions, de briguer un mandat électif avant d'avoir donné sa démission.

L'élection serait nulle, si la démission n'avait pas été préalable.

La conséquence est importante : un fonctionnaire inéligible qui, pour se présenter aux suffrages de ses concitoyens, a dû donner sa démission, n'a plus de situation s'il n'est pas élu. Au cas d'incompatibilité, il n'en est pas de même : le fonctionnaire conserve ses fonctions quand il se présente et s'il n'est pas élu, il ne les perd pas.

La question de l'incompatibilité entre le mandat parlementaire et les diverses fonctions rétribuées a, depuis 1789, vivement préoccupé les hommes d'État et les Assemblées parlementaires.

En 1828, le duc de Broglie disait : « Le cri public s'est « fait entendre et on le conçoit aisément, lorsqu'en con- « sultant les listes de la Chambre élective on trouve que, « sur 1400 députés, plus de 1200 ont été promus à des « emplois divers pendant le cours de leur députation. » Ces abus, qui mettaient les représentants à la discrétion du gouvernement, ont diminué, sans toutefois disparaître, puisqu'en 1883, il y avait 39 cas de cumul au Sénat et 1 à la Chambre.

Lors des élections à l'Assemblée Nationale, le décret du 29 janvier 1871 avait, dans son article 4, suspendu l'incompatibilité entre les fonctions publiques rétribuées et le mandat de représentant. Quelque temps après, une loi du 25 avril 1872 interdisait l'attribution de fonctions salariées aux membres de l'Assemblée Nationale, à l'exception de quelques fonctions.

En 1875, la question fut, de nouveau, discutée et la loi organique du 30 novembre 1875 déclara, dans son arti-

cle 8 : « L'exercice des fonctions publiques rétribuées
« sur les fonds de l'État est incompatible avec le mandat
« de député. Tout fonctionnaire, élu député, sera remplacé
« dans ses fonctions si, dans les huit jours qui suivront la
« vérification des pouvoirs, il n'a pas fait connaître qu'il
« n'accepte pas le mandat de député. »

On n'exceptait de cette règle qu'un très petit nombre
de fonctions : celles de ministre, sous-secrétaire d'État,
ambassadeur, ministre plénipotentiaire, préfets de la
Seine et de police, premier président et procureur général de la Cour de cassation, de la Cour des comptes et de
la Cour d'appel de Paris, archevêque et évêque, pasteur
protestant et président de consistoire dans les grandes
circonscriptions consistoriales, grand rabbin du consistoire central et du consistoire de Paris, professeur titulaire de chaire donnée au concours ou sur présentation
du corps où la vacance s'est produite, personne chargée
de mission temporaire.

Tel est le système admis à la Chambre des députés :
inéligibilité absolue des militaires et marins en activité
de service et, pour ceux qui sont éligibles par exception,
aucune question d'incompatibilité ne peut se poser,
puisqu'ils n'exercent plus de fonctions publiques.

Au Sénat, au contraire, un système différent prévalut,
et l'on considéra l'accès de la Haute Assemblée aux fonctionnaires, comme utile au pays. Le principe posé pour
la Chambre des députés fut inversé et l'incompatibilité,
au lieu d'être la règle, devint l'exception.
· C'est ce qui résulte de l'article 20 de la loi du 2 août
1875, qui énumère les cas (très peu nombreux) d'incompatibilité :

« Il y a incompatibilité », dit cet article, « entre les fonctions de sénateur et celle de conseiller d'État et de maître des requêtes, préfet et sous-préfet, à l'exception du préfet de la Seine et du préfet de police ; des membres des parquets des Cours d'appel et des tribunaux de première instance, à l'exception du procureur général près la Cour de Paris ; de trésorier-payeur général, de receveur particulier, de fonctionnaire et employé des administrations centrales des ministères (1). »

Si nous rappelons qu'en vertu de l'article 21, n°s 8 et 9 de cette loi, les officiers de tous grades des armées de terre et de mer n'étaient atteints que d'inéligibilité relative, il en résultait que s'ils étaient élus sénateurs hors du ressort de leurs fonctions, ils pouvaient continuer à exercer leur commandement tout en restant sénateurs.

On aperçut, de bonne heure, les inconvénients qui résultaient de la différence de traitement entre les membres de la Chambre des députés et ceux du Sénat, et après plusieurs projets émanés de l'initiative parlementaire, le gouvernement déposa, le 12 novembre 1883, à la Chambre des députés, un projet de loi sur le cumul et les incompatibilités parlementaires qui visait surtout le Sénat. Bien que ce projet n'ait pas abouti, nous croyons cependant devoir exposer les débats auxquels il donna lieu, car il est intéressant, au point de vue de l'exposé de la situation politique des militaires.

Le projet de M. Martin-Feuillée, garde des sceaux, posait le même principe pour le Sénat que pour la Cham-

---

(1) Ajoutons que certaines lois spéciales ont créé des incompatibilités particulières communes aux deux Chambres, comme les fonctions de juré, de membre d'une commission départementale, et de certains conseils d'administration.

bre, mais il exceptait des fonctions incompatibles l'état d'officier :

ART. 1ᵉʳ. — « L'exercice des fonctions publiques rétribuées sur les fonds de l'État est incompatible avec le mandat de sénateur... »

ART. 2. — « ...Sont également exceptés des dispositions de l'article 1ᵉʳ : les militaires et marins des armées actives de terre et de mer... »

ART. 4.— « Les militaires et marins des armées actives, ainsi que les fonctionnaires qui font partie du Sénat et de la Chambre des députés, ne peuvent, pendant la durée de leur mandat, être promus à un grade plus élevé ou à une classe supérieure, à moins que cette promotion ne résulte, pour eux, de la seule ancienneté de leurs services (1). »

La Chambre vota l'urgence.

Trois solutions pouvaient être admises pour les militaires et marins :

1° Ou ils ne pourraient faire partie ni de la Chambre, ni du Sénat ;

2° Ou ils pourraient faire partie des deux Chambres ;

3° Ou ils pourraient faire partie du Sénat sans avoir accès à la Chambre, solution admise depuis 1875.

M. Lelièvre proposait l'éligibilité des militaires et marins en activité, à la Chambre et au Sénat ; le marquis des Roys, ainsi, d'ailleurs, que la commission, se prononçait pour leur inéligibilité dans les deux Assemblées, mais il faisait exception pour les maréchaux et officiers généraux.

(1) Chambre des députés, séance du 12 novembre 1883, *Journ.off.*, 13 novembre. *Déb. parlem.*, p. 2309 et 2310.

Le général Campenon, ministre de la guerre, tout en se prononçant pour l'éligibilité au Sénat seul, à raison de l'âge exigé des sénateurs et de la différence dans le mode d'élection des deux Assemblées, proposa la rédaction suivante, au cas où la Chambre se refuserait à admettre un traitement différent pour le Sénat et la Chambre : « Aucun militaire en activité de service ne pourra être élu membre du Parlement. »

Aucun de ces textes ne fut adopté et la Chambre vota l'amendement présenté par M. Ballue, conçu dans les termes suivants : « Les dispositions des articles 2 et 7 « de la loi organique du 30 novembre 1875, sur l'élection « des députés, sont applicables à l'élection des séna- « teurs (1). »

Le principal argument présenté contre l'élection des militaires était le suivant : lorsqu'un officier, colonel ou général, aurait quitté son commandement pour se présenter aux élections, aurait développé, dans l'ardeur de la lutte, ses opinions politiques et se serait nettement déclaré l'adversaire politique de son chef, le ministre de la guerre, bien plus, se serait avoué l'ennemi du gouvernement, s'il n'était pas élu et reprenait son commandement à la tête de ses troupes, sa conduite n'était-elle pas d'un fâcheux exemple pour la discipline ?

Ces motifs n'avaient pas paru suffisants à la commission du Sénat qui, à la majorité de 5 voix contre 4, avait admis l'éligibilité des militaires en présentant un article 5 amendant de la façon suivante les dispositions adoptées par la Chambre des députés : « Les militaires et marins « faisant partie des armées actives de terre et de mer se-

____

(1) Chambre des députés, séance du 24 novembre 1883, *Journ. off.*, 25 novembre. *Déb. parlem.*, p. 2489 et 2490.

« ront éligibles au Sénat et à la Chambre, mais pendant
« la durée de leur mandat, ils seront considérés comme
« étant en disponibilité ou en non-activité. »

Son rapporteur, M. Chalamet, exposait ainsi les raisons qui avaient déterminé la commission à modifier le texte de la Chambre : « Aujourd'hui que le service militaire est imposé à tous, l'armée et la nation se connaissent, se pénètrent réciproquement et sont pleines de confiance, l'une dans l'autre ; un rapprochement s'est opéré entre le citoyen et le soldat, et le moment serait mal choisi pour dire à ceux qui représentent l'armée qu'ils se renfermeront exclusivement dans l'accomplissement de leurs devoirs militaires, et que, dans aucun cas, pas même quand les électeurs les y pousseront et qu'ils s'en reconnaîtront capables, ils n'auront le droit de s'occuper des intérêts généraux du pays (1). »

Lors de la première délibération, la commission remania son projet et présenta un nouvel article 5 ainsi conçu :

« Les militaires et marins qui, en vertu des règlements,
« peuvent être placés en disponibilité ou en non-activité,
« sont éligibles au Sénat et à la Chambre, mais ils seront
« placés en disponibilité ou en non-activité pendant la
« durée de leur mandat, et cesseront d'être à la disposi-
« tion du ministre de la guerre et de la marine, excepté
« en cas de guerre.

« Les dispositions de l'article 3, relatives au cumul de
« l'indemnité législative et du traitement, s'appliquent aux
« militaires et marins, à l'exception des maréchaux, ami-
« raux et des officiers généraux maintenus dans la pre-

____

(1) Sénat, *Journ. off.*, janvier 1885, *Docum. parlem.*, p. 392, annexe n° 327.

« mière section du cadre de l'état-major général comme
« ayant commandé en chef devant l'ennemi, qui reçoivent
« à la fois l'indemnité législative et leur traitement. »

Cet article, défendu par le rapporteur au nom de la
commission, fut combattu par le général Campenon, ministre de la guerre, qui le considérait comme dangereux
pour la discipline.

« Je prétends, disait le ministre, que les armées sans
« discipline sont des machines désordonnées qui, non
« seulement ne produisent pas la somme d'effet utile
« qu'elles doivent donner, mais deviennent des instru
« ments essentiellement dangereux dans les mains de
« ceux qui sont appelés à les mettre en œuvre. »

Il faisait, d'ailleurs, remarquer que le projet ne pouvait
s'appliquer qu'aux officiers, les sous-officiers et soldats
n'étant pas susceptibles d'être mis en disponibilité ou en
non-activité.

L'amiral Peyron, ministre de la marine, approuva l'argumentation de son collègue et ajouta que, dans l'armée
de mer, les sous-officiers pourraient être éligibles, puisque la position de disponibilité existait pour eux.

Sur l'observation, présentée par M. Batbie, que la
question discutée ayant trait à l'inéligibilité ne devait
pas être tranchée dans une loi sur les incompatibilités,
l'article 5 fut repoussé par 154 voix contre 13 (1).

On adopta alors cet article dans les termes suivants :
« Les militaires ou marins ne peuvent être membres du
« Sénat. »

Sont exceptés de cette disposition :

1° Les maréchaux de France et amiraux ;

(1) Sénat, séance du 20 octobre 1884, *Journ. off*. 21 octobre. *Déb.
parlem.*, p. 1507 et suiv.

2° Les officiers généraux des armées de terre et de mer maintenus « sans limite d'âge dans le cadre de la « première section de l'état-major général, non pour- « vus de commandement ;

« 3° Les officiers généraux ou assimilés des armées « de terre et de mer, placés dans la deuxième section du « cadre de l'état-major général ;

« 4° Les militaires ou marins appartenant soit à la « réserve de l'armée active, soit à l'armée territoriale.

« Les dispositions du deuxième paragraphe du n° 5 de « l'article 3 leur sont applicables » (Cumul des traitements avec l'indemnité parlementaire).

Un amendement du colonel Meinadier, défendu par M. Audren de Kerdrel, mais combattu par le ministre et qui avait pour but d'ajouter aux diverses catégories d'exceptions énumérées dans l'article 5 : « les généraux de division et les vice-amiraux qui, hors le cas de guerre ou de mission temporaire, devront être mis en disponibilité pendant toute la durée de leur mandat », fut repoussé par le Sénat (1).

En voyant la lenteur de l'élaboration de cette loi sur les incompatibilités parlementaires, on en avait détaché la partie relative à l'éligibilité, qui était devenue la loi du 9 décembre 1884, malgré l'opposition de quelques membres du Parlement (2).

Lors de la deuxième délibération au Sénat, on fut obligé de modifier les exceptions apportées à la règle de l'incompatibilité des fonctions publiques et d'un mandat parlementaire.

(1) Sénat, séance du 21 octobre 1884, *Journ. off.*, 22 octobre. *Déb. parlem.*, p. 1529 et 1530.

(2) Voy. le discours de M. Fresneau, au Sénat, dans la séance du 6 décembre 1884, *Journ. off.*, 7 décembre. *Déb. parlem.*, p. 1840 et s.

L'article 1er pose le principe de l'incompatibilité, entre l'exercice de fonctions publiques rétribuées sur les fonds de l'État ou dont les titulaires sont nommés par le gouvernement, avec le mandat de sénateur ou de député.

L'article 3 était ainsi conçu : « Sont exceptés des dis-« positions qui précèdent :

. . . .

« 3° Les militaires et marins éligibles en vertu de la « loi du 9 décembre 1884 ;

« 4° Le grand-chancelier de la Légion d'Honneur.... »

C'est en ces termes qu'il fut adopté au Sénat et à la Chambre (1).

D'autre part, la loi du 9 décembre 1884 renfermait un article ainsi conçu : « Dans le cas, où une loi spéciale sur « les incompatibilités parlementaires ne serait pas votée « au moment des prochaines élections sénatoriales, l'ar-« ticle 8 de la loi du 30 novembre 1875 serait applicable « à ces élections. »

Le projet de loi sur les incompatibilités fut enfin défi-nitivement abandonné, et la loi du 26 décembre 1887 trans-forma en une mesure définitive la mesure transitoire de la loi de 1884. Le paragraphe 1er de son article unique est, en effet, ainsi conçu : « Jusqu'au vote d'une loi spé-« ciale sur les incompatibilités parlementaires, les arti-« cles 8 et 9 de la loi du 30 novembre 1875 seront appli-« cables aux élections sénatoriales. »

Il en résulte qu'à l'heure actuelle, la situation des sé-nateurs et des députés est identiquement la même au

____

(1) Sénat, séance du 15 décembre 1884, *Journ. off.*, 16 décembre. *Déb. parlem.*, p. 1905 ; Chambre, séance du 5 août 1885, *Journ. off.*, 6 août. *Déb. parlem.*, p. 1781.

point de vue de l'incompatibilité, c'est-à-dire, qu'il ne peut être question d'incompatibilité pour les militaires, à raison de la situation spéciale des seuls militaires éligibles au Parlement.

SECTION II. — Élections départementales.

I. — Conseil général.

La loi du 10 août 1871, organique des Conseils généraux, n'attacha pas à la qualité de militaire l'inéligibilité comme les lois électorales postérieures. Certains militaires, seuls, furent atteints par ses dispositions, en vertu de ce principe exposé par le rapporteur, M. Waddington, qu'on ne peut admettre qu'un fonctionnaire, exerçant sur ses concitoyens une autorité qu'il tient de la loi ou du gouvernement, puisse, en même temps, solliciter leurs votes.

De là, l'inéligibilité relative qui frappe certains chefs militaires et, seulement dans les limites nécessaires pour maintenir l'indépendance du vote, c'est-à-dire dans le ressort de leurs fonctions. L'article 8 qui consacre cette inéligibilité fut voté par l'Assemblée Nationale, sans que la partie de ses dispositions qui se rapporte aux militaires ait fait l'objet d'aucune discussion. Il est ainsi conçu :

« Ne peuvent être élus membres du Conseil général :

. . . .

5° Les généraux commandant les divisions ou les subdivisions territoriales, dans l'étendue de leurs commandements ;

6° Les préfets maritimes, majors généraux de la marine et commissaires de l'inscription maritime, dans les départements où ils résident... »

Lors de la troisième délibération, M. Malézieux proposa un amendement (qui fut, d'ailleurs, repoussé), pour déclarer inéligibles les officiers de la gendarmerie et de la garde mobile, dans les cantons où ils exercent leur commandement (1).

La loi de 1871 permettait donc à tous les militaires en activité de service, sans exception, de se faire élire membres du Conseil général, en satisfaisant aux conditions d'éligibilité imposées aux autres citoyens. Aussi le Conseil d'État avait-il décidé « qu'aucune disposition de loi ne prononce d'inéligibilité ou d'incompatibilité contre les militaires en activité de service », et avait-il, par suite, rejeté le recours formé contre l'élection d'un militaire de cette catégorie (2).

Certains militaires étaient, seuls, à raison des hautes fonctions qu'ils exerçaient, atteints d'inéligibilité relative dans l'étendue de leur commandement ou dans le ressort de leurs fonctions ; c'étaient, pour l'armée de terre, les généraux commandant les divisions ou les subdivisions territoriales, c'est-à-dire, en vertu de l'article 18 de la loi du 13 mars 1875 et de l'article 12 de la loi du 16 mars 1882, les généraux de division et de brigade commandant effectivement des divisions et des brigades, et pour

____

(1) Assemblée Nationale, séance du 1er août 1871, *Journ. off.*, 2 août, p. 2381.

(2) Cons. d'Et., 7 décembre 1889, Elect. de Lama, *Leb.*, p. 1441. En ce sens, décis. Min. Intér., 27 janvier 1872. L'Assemblée Nationale avait même écarté une pétition qui demandait l'inéligibilité au conseil général de tous les militaires en activité de service, quel que fût leur grade. *Journ. off.*, 5 mars 1875.

l'armée de mer, les préfets maritimes, majors généraux de la marine et commissaires de l'inscription maritime.

C'étaient donc les fonctions qu'ils exerçaient qui rendaient ces militaires inéligibles et, par suite, tous les généraux de division ou de brigade non pourvus d'un commandement territorial, de même que tous les vice-amiraux et contre-amiraux autres que les préfets maritimes et les majors généraux de la marine n'étaient pas atteints par l'article 8, nos 5 et 6.

De même, les maréchaux et amiraux restaient éligibles au conseil général.

Les militaires, en activité de service, élus au conseil général, pouvaient, par suite, faire partie de la commission départementale, sauf à leurs supérieurs hiérarchiques à les mettre en demeure d'opter entre leur mandat et leur situation militaire, si l'exercice de leurs fonctions électives ne pouvait se concilier avec l'accomplissement de leurs devoirs militaires (1).

II. — Conseil d'arrondissement.

L'éligibilité au conseil d'arrondissement est fixée par la loi du 22 juin 1833, abrogée pour les conseils généraux, mais toujours en vigueur pour les conseils d'arrondissement.

L'article 23 de cette loi déclare les cas d'incompatibilité, fixés par l'article 5 pour les conseils généraux, applicables à ces dernières assemblées. Il en résulte que, d'après cet article, ne peuvent être élus conseillers d'arrondissement :

(1) Lettre du ministre de l'intérieur du 27 janvier 1872.
Les conseils généraux (Interprétation de la loi organique du 10 août 1871. Paris, 1878), p. 152.

1° Les préfets, sous-préfets, secrétaires généraux et conseillers de préfecture ;

2° Les agents et comptables employés à la recette, à la perception ou au recouvrement des contributions et au paiement des dépenses publiques de toute nature ;

3° Les ingénieurs des ponts et chaussées et les architectes départementaux ;

4° Les agents forestiers en fonctions dans le département, et les employés des bureaux des préfectures et sous-préfectures.

(Il s'agit ici, non d'incompatibilité, comme le dit à tort l'article 5, mais d'inéligibilité, et les deux premiers paragraphes renferment des cas d'inéligibilité absolue, les deux derniers, des cas d'inéligibilité relative.)

Aucune disposition ne s'appliquait aux militaires et aux marins qui demeuraient donc éligibles au conseil d'arrondissement, alors même qu'ils étaient en activité de service et pourvus d'un commandement.

C'était, d'ailleurs, la seule assemblée où les militaires avaient accès sans aucune restriction, et on s'explique facilement qu'aucun gouvernement n'ait songé, jusqu'à ces derniers temps, à modifier la loi de 1833, en raison du rôle spécial des conseils d'arrondissement où la politique n'avait aucun accès.

III. — Modifications apportées par la loi de 1891.

La situation des militaires, au point de vue de leur éligibilité aux assemblées départementales, était différente pour les conseils généraux et les conseils d'arrondissement : tandis qu'ils étaient frappés d'inéligibilité relative aux premiers, ils étaient éligibles aux seconds. Il en fut ainsi jusqu'en 1891.

En 1889, un député, M. Paulmier, avait présenté une proposition de loi qui apportait quelques modifications au régime des inéligibilités au Conseil général. Élargie par la Commission de la Chambre des députés, cette proposition fut votée par la Chambre qui transforma en inéligibilité absolue l'inéligibilité relative des militaires au Conseil général et étendit cette disposition au conseil d'arrondissement.

Le rapporteur au Sénat, M. Bardoux, rappelait que les principales lois organiques avaient prononcé l'inéligibilité des militaires.

Approuvant la modification proposée par la Chambre, il ajoutait : « Peut-on, dès lors, les laisser pénétrer dans le conseil général et le conseil d'arrondissement ? Peut-on les laisser en proie aux attaques et aux violences des partis ? Dans ces conflits d'opinion qui surgissent dans toute assemblée délibérante, aussi bien que dans toute compétition électorale, une discussion peut s'élever entre l'inférieur et le supérieur ; comment, du reste, le militaire, investi du mandat de conseiller général, pourrait-il remplir, à la fois, ses devoirs au régiment et à l'assemblée départementale ? Comment enfin, serait-il éligible, alors qu'en principe, il n'est pas électeur (1) ? »

Le ministre de la guerre, consulté par la commission sénatoriale, lui avait déclaré qu'il approuvait la proposition de loi, bien qu'en fait, il n'y eût que peu de militaires investis du mandat de conseillers généraux (2).

______

(1) Rapport de M. Bardoux au Sénat, *Journ. off.*, mai 1891, Sénat, *Docum. parlem.*, p. 30, annexe, nᵒ 69.

(2) Il avait écrit, à la commission, la lettre suivante : « La présence des officiers de l'armée active aux conseils généraux et d'arrondissement les amène souvent, malgré eux, à prendre une attitude politique qui se

Le colonel Meinadier combattit le projet au Sénat, en soutenant notamment que si l'on tirait argument, pour refuser l'éligibilité aux officiers, de grades différents et d'opinions divergentes, il fallait alors interdire également l'entrée de ces assemblées aux officiers de la réserve et de la territoriale.

Le ministre de la guerre, M. de Freycinet, et le rapporteur, M. Bardoux, ayant réfuté cette argumentation, la disposition fut adoptée en première délibération (1).

Lors de la seconde délibération, le général Billot fit remarquer que les militaires étaient, en principe, inéligibles au Sénat et à la Chambre des députés, mais qu'on avait fait, pour ces deux assemblées, une exception en faveur de certains officiers généraux : par conséquent, il ne convenait pas de se montrer plus rigoureux pour le conseil général ou le conseil d'arrondissement que pour les Chambres. Il proposait donc d'excepter les officiers généraux qui, maintenus dans la première section du cadre de l'état-major général comme ayant commandé en chef devant l'ennemi, font toujours partie de l'armée active.

Malgré l'opposition de la commission, la disposition

concilie mal avec leurs devoirs militaires.

Nous faisons tous nos efforts pour soustraire l'armée à la politique : évitons cette occasion de l'y mêler. Je ne parle pas, parce que c'est là le côté secondaire de la question, des déplacements qu'entraîne le mandat de conseiller général, alors que la présence des officiers serait nécessaire à leur corps. » Sénat, séance du 21 mai 1891, *Journ. off.*, 22 mai, Sénat, *Déb.parlem.*, p. 292.

Il y avait, en 1891, des officiers membres des conseils généraux : un général de cavalerie, trois lieutenants-colonels, un commandant du génie, trois capitaines, un lieutenant, un médecin principal de la marine.

(1) Sénat, séance du 11 mai 1891, *Journ. off.*, 12 mai, Sénat, *Déb par-lem.*, p. 270 et s.

additionnelle proposée par le général Billot fut prise en considération par le Sénat (1).

La commission, après en avoir conféré avec le ministre de la guerre, accepta l'amendement et, dans la séance du 25 mai 1891, le nouveau texte fut voté par le Sénat (2), ce qui mettait la législation électorale spéciale aux assemblées départementales en harmonie avec la législation électorale générale.

La loi du 23 juillet 1891 était donc ainsi conçue à l'égard des militaires :

« ART. 1er. — L'article 8 de la loi du 10 août 1891 est modifié comme il suit :

« Ne peuvent être élus membres du conseil général ou du conseil d'arrondissement...

. . . .

5° et 6° Les militaires des armées de terre et de mer en activité de service. — Cette disposition n'est applicable ni à la réserve de l'armée active, ni à l'armée territoriale, ni aux officiers maintenus dans la première section du cadre de l'état-major général comme ayant commandé, en chef, devant l'ennemi. »

La loi nouvelle rend inéligibles aux assemblées départementales tous les militaires en activité de service : elle s'applique donc, d'une part, à tous ceux qui ont droit au titre de militaire et, d'autre part, à tous les militaires dans la position d'activité.

Aussi le Conseil d'État a-t-il décidé qu'un officier, mis en non-activité pour infirmités temporaires, faisant tou-

____

(1) Sénat, séance du 21 mai 1891, *Journ. off.*, 22 mai, Sénat, *Déb. parlem.*, p. 292.

(2) Sénat, séance du 25 mai 1891, *Journ. off.*, 26 mai, Sénat, *Déb. parlem.*, p. 308 et 309.

jours partie de l'armée active et restant soumis à toutes les obligations de la discipline militaire, en vertu de la loi du 19 mai 1834, était inéligible au conseil général.

Et il en est spécialement ainsi d'un officier d'administration que l'article 32 de la loi du 16 mars 1882 assimile aux officiers ordinaires (1).

SECTION III. — **Élections municipales.**

La loi municipale du 5 mai 1855 proclamait, dans son article 10, l'incompatibilité entre le mandat de conseiller municipal et la situation de militaire en activité de service, ce qui équivalait à une véritable inéligibilité pour les militaires. C'est pourquoi le Conseil d'État avait, avec raison, déclaré inéligible au conseil municipal, un soldat en activité de service (2).

Lorsqu'il fut question de réorganiser les conseils municipaux, la commission, chargée par la Chambre des députés d'examiner diverses propositions de loi émanant de l'initiative parlementaire, prépara un projet qui contenait un article 20 ainsi conçu :

« Les fonctions de conseiller municipal sont incompatibles avec celles :

. . . .

3° De militaire ou employé des armées de terre et de mer en activité de service ; ..... » (3)

Ce projet qui reproduisait le texte de la loi de 1855 fut voté par la Chambre, mais la commission du Sénat proposa d'en modifier le texte et de transformer l'incompa-

(1) Cons. d'Et., 9 avril 1897, Elect. d'Olmi-Capella, *Leb.*, p. 313.
(2) Cons. d'Et., 23 juillet 1875, Elect. de St-Vincent, *Leb.*, p. 724.
(3) *Journ. off.*, janvier 1883, Chambre, *Docum. parlem.*, p. 2664.

tibilité en inéligibilité. « L'incompatibilité entraînant
« nécessairement la faculté d'option, disait le rapporteur
« au Sénat, M. Demôle, la commission n'a pas pensé
« qu'il fallût laisser l'élément militaire dans cette situa-
« tion.

« Il nous paraît bon, d'ailleurs, que l'armée soit tenue
« autant que possible, en dehors des compétitions élec-
« torales (1). »

La commission proposait, en conséquence, d'ajouter
à l'article 31 qui fixait les conditions d'éligibilité au conseil municipal, un paragraphe additionnel ainsi conçu :
« Ne sont pas éligibles : les militaires et employés des
« armées de terre et de mer, en activité de service. »

Cette rédaction devint le dernier paragraphe de l'article 31 de la loi du 5 avril 1884.

En vertu de cette loi, sont donc frappés d'inéligibilité
absolue les militaires et employés des armées de terre et
de mer, en activité de service. Nous avons vu précédemment, quels étaient les militaires en activité de service.

Quant aux employés, la question est plus délicate.
Antérieurement à la loi de 1884, le Conseil d'État avait
déclaré les maîtres de port éligibles, parce qu'aucune
disposition de loi n'établissait d'incompatibilité à leur
égard (2). Le ministre de la marine avait admis la même
solution, en se fondant sur ce que les règlements ne leur
reconnaissaient pas l'état militaire.

C'est en ce sens que s'est prononcé le Conseil d'État
depuis la loi de 1884. Dans un avis, en date du 17 juillet
1888, il a émis l'opinion que le législateur, en déclarant

______

(1) Rapport au Sénat, *Journ. off.*, février 1884, Sénat, *Docum. parlem.*,
p. 25.

(2) Cons. d'Et., 18 mai 1877, Elect. d'Arzon, *Leb.*, p. 479,

inéligibles les militaires, a entendu écarter des fonctions municipales tous ceux qui se trouvent soumis à la discipline militaire, en vertu des lois, ordonnances et règlements qui régissent l'armée.

Dès lors, en faisant suivre, dans le dernier paragraphe de l'article 31 de la loi du 5 avril 1884 (qui n'est que la reproduction textuelle du paragraphe correspondant de l'article 10 de la loi du 5 mai 1855), le mot *militaires* des mots « *et employés des armées de terre et de mer, en ac-* « *tivité de service* », on a eu, évidemment, pour unique objet, de rappeler que certaines catégories de militaires de l'une et l'autre armée, désignés souvent, dans des textes de lois et dans des règlements, sous le nom d'employés, n'en sont pas moins des militaires soumis aux lois qui régissent l'armée, et, comme tels, inéligibles. Les mots « *en activité de service* » suffisent, d'ailleurs, pour bien spécifier que les seuls employés dont il s'agit sont ceux qui font partie de l'armée.

Cette interprétation, qui a fait l'objet de la circulaire du ministre de la marine en date du 24 mai 1888, est celle qui a été adoptée, de tout temps, par son département.

D'un autre côté, la loi des cadres du 13 mars 1875, la loi sur l'administration de l'armée du 16 mars 1882 et les tableaux qui les accompagnent, donnent l'énumération complète de tous les militaires et employés qui font partie de l'armée de terre.

En conséquence, on doit exclusivement entendre par les mots « *employés de l'armée de terre en activité de ser-* *vice* » les employés qui figurent sur les tableaux annexés soit à la loi du 13 mars 1875, soit à la loi du 16 mars 1882 (1).

(1) Avis Cons. d'Ét., 17 juillet 1888, Dalloz et Vergé, *Code des lois po-lit. et admin.*, t. 1, V° *Élections*, X, n°s 9482 et s.

Nous avons, d'ailleurs, donné l'énumération de ces employés, tant pour l'armée de terre que pour l'armée de mer, en les désignant sous le titre d'*assimilés* (V. *supra*, pp. 167, 168).

C'est pour les employés de l'armée de mer que des difficultés se sont surtout élevées à raison de leur grand nombre et de leur diversité. Mais c'est toujours à l'aide du critérium établi par le Conseil d'État, dans son avis précité, qu'il faudra déterminer si des employés de la marine sont, ou non, éligibles au conseil municipal.

Avant la loi de 1884, le Conseil d'État avait déjà décidé (et ces solutions conservent, encore aujourd'hui, toute leur valeur) que les employés du corps des comptables en matières de la marine, distributeurs ou magasiniers dans un port militaire (1) et les écrivains titulaires dans un port (2) ne pouvaient être conseillers municipaux, mais qu'au contraire les contremaîtres des travaux hydrauliques (3), les maîtres entretenus (4), les maîtres de port (5) étaient éligibles (6), ces employés n'étant astreints aux lois maritimes qu'en ce qui concerne la police et la discipline des établissements de la marine.

Postérieurement à la loi de 1884, il décida encore que les commis des directions des travaux de la marine ne figurant pas sur la liste des agents affectés à l'armée de mer, étaient éligibles au conseil municipal (7). Une

(1) Cons. d'Et., 17 avril 1864, Elect. d'Octeville, *Leb.*, p. 269 ; 23 janvier 1872, Elect. d'Equeurdreville, *Leb.*, p. 13 ; 14 février 1872, Elect. d'Octeville, *Leb.*, p. 89.

(2) Cons. d'Et., 23 janvier 1872, précité.

(3) Même arrêt.

(4) Cons. d'Et., 14 février 1872, précité.

(5) Cons. d'Et., 18 mai 1877, Elect. d'Arzon, *Leb.*, p. 479.

(6) Ou, plus exactement, qu'il n'y avait pas incompatibilité entre ces emplois et le mandat de conseiller municipal.

(7) Cons. d'Et., 7 novembre 1884, Elect. d'Indre, *Leb.*, p. 761.

dépêche du ministre de la marine, du 14 mai 1877, avait, d'ailleurs, formellement déclaré que les commis des travaux de la marine attachés à l'établissement d'Indret n'appartenaient pas à l'armée de mer.

Pour l'armée de terre, il a été décidé que les gardiens de batteries auxiliaires sont des employés civils, et, par suite, éligibles (1).

La loi du 30 novembre 1875 frappe également d'inéligibilité absolue à la Chambre des députés les militaires en activité de service, mais la loi de 1884 est plus rigoureuse en ce qui concerne les élections municipales, sur certains points, du moins. Ainsi la loi de 1875 excepte de l'inéligibilité les officiers qui, ayant des droits acquis à la retraite, sont envoyés ou maintenus dans leurs foyers en attendant la liquidation de leur pension. La loi de 1884 ne contient aucune disposition de cette nature et, par suite, les officiers auxquels des congés sont accordés, en attendant la liquidation de leur pension de retraite, restent en activité de service et, dès lors, sont inéligibles jusqu'à ce moment aux fonctions municipales (2). Il a été décidé, également, qu'un officier, nommé conseiller municipal, la veille de sa mise à la retraite, n'a pu être valablement élu et que, par suite, son élection doit être annulée (3).

D'autre part, la loi de 1875 est plus rigoureuse en ce qu'elle déclare inéligibles aussi bien les militaires en activité que ceux en disponibilité ou en non-activité, tandis que d'après la loi municipale, l'inéligibilité est limitée aux militaires en activité de service.

(1) Cons. d'Et., 25 mai 1889, Elect. de Châteauneuf, *Leb.*, p. 661.
(2) Cons. d'Et., 21 décembre 1888, Elect. de Boulot, *Leb.*, p. 1005.
(3) Cons. d'Et., 24 mai 1889, Elect. de Castelsarrasin, *Leb.*, p. 650.

Cette disposition doit, d'ailleurs, être interprétée stric-
tement en ce sens que les militaires en congé, quelle que
soit la durée de ce congé, étant toujours en activité de
service, puisqu'ils restent à la disposition du ministre de
la guerre qui peut les rappeler, sont inéligibles au conseil municipal. C'est ainsi que le Conseil d'Etat a toujours interprété l'article 31 de la loi de 1884: il a en effet
décidé, à plusieurs reprises, que les militaires de l'armée
active, renvoyés par anticipation dans leurs foyers, en
attendant leur passage dans la réserve, étaient en activité jusqu'à l'expiration de leur temps de service, et, par
suite, inéligibles (1).

Cette solution est d'accord avec les dispositions des
lois du 27 juillet 1872 (art. 36) et du 15 juillet 1889 (art. 40)
qui ne reconnaissent que quatre situations dans l'armée
pour les soldats qui ne sont pas des militaires de carrière : le service dans l'armée active, dans la réserve de
l'armée active, dans l'armée territoriale, dans la réserve
de l'armée territoriale.

Ajoutons encore que, d'après la jurisprudence de l'administration de la guerre, les militaires dans cette situation confèrent à leurs frères l'exemption partielle du service militaire.

Quant aux hommes de la disponibilité, c'est-à-dire
ceux renvoyés dans leurs foyers après un an de présence
sous les drapeaux, ils sont considérés comme en non-
activité : ils seraient, par suite, éligibles.

Que faut-il décider pour les officiers généraux du cadre

(1) Cons. d'Et., 23 janvier 1885, Elect. des Villards, *Leb.*, p. 78 ; 1ᵉʳ mai
1885, Elect. de Nonette, *Leb.*. p. 458 ; 1ᵉʳ décembre 1888, Elect. de Laujuzan,
Leb., p. 911 ; 2 mars 1889, Elect. de Lanchy, *Leb.*, p. 307 ; 8 juin 1889,
Elect. de St-Germain, *Leb.*, p. 752 ; 2 août 1889, Elect. de Brives, *Leb.*,
p. 922 ; *Sic* : Morgand, *La loi municipale*, t. I, p. 175.

de réserve ? Un auteur, les considérant comme en activité de service, les frappe d'inéligibilité (1).

Le Conseil d'État, au contraire, annulant un arrêté du Conseil de préfecture de la Sarthe, en date du 18 juin 1896, les a déclarés éligibles (2).

Nous ne pouvons qu'approuver cette solution ; l'article 8 de la loi du 13 mars 1875, sur la constitution des cadres, a, en effet, divisé les officiers généraux en deux catégories : ceux de la première section, qui sont les officiers généraux en activité et en disponibilité et qui, dans cette dernière situation, peuvent être pourvus d'emplois en temps de paix ; et ceux de la deuxième section (dite cadre de réserve), qui ne peuvent être appelés au service qu'en temps de guerre. Il n'est donc pas possible de considérer comme en activité, les officiers généraux de la deuxième section.

A plus forte raison, serait éligible l'officier appelé à l'activité, dont le corps a été licencié, et qui a été rendu à la vie civile, cet officier ne faisant plus partie de l'armée.

Le Conseil d'État l'a ainsi décidé pour un officier de la garde mobile élu après le licenciement de ce corps (3). Le principe consacré par cet arrêt, serait encore susceptible de recevoir application à l'égard d'un officier de réserve appelé, avec son consentement, au service actif pendant une expédition coloniale et rentrant dans la vie civile, soit après un certain temps de service, soit à la fin de l'expédition (4).

(1) Morgand, t. I, p. 174.
(2) Cons. d'Et., 17 juillet 1897, Elect. de la Flèche, *Leb.*, p. 554.
(3) Cons. d'Et., 21 novembre 1871, Elect. de Clermont, *Leb.*, p. 238.
(4) Fuzier-Herman, Carpentier et du Saint, *Répert. génér. alphab. du droit français*, V° *Elections*, n° 5041.

TROISIÈME PARTIE

LES PRINCIPALES LÉGISLATIONS D'EUROPE.

———

L'étude des lois en vigueur dans les pays étrangers,
a l'avantage de permettre d'emprunter, aux autres nations, les améliorations qu'elles ont, elles-mêmes, apportées à leur système législatif. Ce n'est pas de réformes
purement théoriques et souvent impraticables qu'il s'agit
ici, mais de réformes pratiques, dont l'expérience des
autres peuples a pu montrer les avantages, aussi bien que
les inconvénients.

Une exploration dans ce domaine peut donc, à notre
avis, être très fructueuse, si l'on tient compte de deux
observations qui sont les suivantes :

1° Le système électoral d'un peuple fait partie de sa
politique ; il est, par suite, fortement influencé par son
tempérament national et les conditions de milieu dans
lesquelles il s'est développé. La législation applicable à
la lettre de change est, à peu près, la même dans tous
les pays ; il n'en est plus de même du droit électoral.

Et qui pourrait nier que la différence considérable, au
point de vue des droits politiques et du mode de représentation politique, existant entre un citoyen anglais et
un citoyen autrichien, par exemple, ne tient pas, en
grande partie, au développement historique si différent

de l'Angleterre et de l'Autriche aussi bien qu'à la différence de situation économique de ces pays, dans le monde?

2° Les mêmes droits ne peuvent pas être accordés, sans danger, aux militaires dans tous les pays.

Dans telle nation où l'armée permanente existe à peine, comme en Belgique, ou bien chez un peuple qui ne connaît pas le service militaire obligatoire, comme le peuple anglais, accorder les droits politiques aux militaires n'aura pas les mêmes conséquences qu'en Allemagne ou en France, pays dotés d'une armée nationale fortement organisée.

Dans tel autre pays, où l'armée est soumise aux lois d'une façon toute particulière, comme en Suisse, l'octroi du droit de vote aux officiers et aux soldats peut se faire sans inconvénients, parce que, dans ces pays-là la qualité de citoyen prime, chez tous les individus, la fonction militaire. Oserait-on en dire autant de l'Espagne, la patrie des révolutions militaires?

Ces réserves faites, nous allons procéder à une rapide enquête sur la législation de quelques pays étrangers, exposant successivement les systèmes électoraux en vigueur en Allemagne, en Angleterre, en Autriche-Hongrie, en Belgique, en Espagne, en Italie et en Portugal.

Nous avons dû, à notre grand regret, laisser de côté la Russie, le gouvernement représentatif étant totalement inconnu dans ce pays.

Allemagne.

L'empire d'Allemagne est une confédération d'Etats présidée par le roi de Prusse, sous le titre d'Empereur.

D'après sa constitution, il y a des lois communes à tout l'Empire et des lois particulières à chaque État confédéré.

L'Empereur nomme les fonctionnaires de l'Empire et, notamment tous les officiers de la marine et les officiers supérieurs de l'armée de terre. L'ensemble des forces de terre de l'Empire constitue une seule armée placée, en temps de paix et de guerre, sous les ordres de l'Empereur, auquel les troupes sont obligées d'obéir sans condition ni restriction.

L'Empereur, assisté du chancelier de l'Empire, préside la Confédération et la représente. Le pouvoir législatif, de l'Empire est exercé par le *Conseil fédéral* composé de représentants nommés par les États confédérés et le *Reichstag* ou Parlement élu au suffrage universel.

Les élections au Reichstag sont réglées par la loi électorale du 31 mai 1869 qui régissait déjà les élections au Reichstag de l'Allemagne du Nord, et par le règlement édicté par le Conseil fédéral, à la date du 28 mai 1870.

Tous les citoyens allemands, majeurs de vingt-cinq ans, sont électeurs pour le Reichstag dans l'État confédéré où ils sont respectivement domicil

L'exercice des droits électoraux est suspendu pour les militaires des armées de terre et de mer, tant qu'ils se trouvent sous les drapeaux. Mais les militaires en congé sont portés sur les listes électorales.

La loi militaire de l'Empire, du 2 mai 1874, a aussi, dans son article 49, privé les militaires du droit de vote.

Par militaires, au point de vue de l'application de la loi électorale, il faut comprendre les officiers, les médecins et les hommes de troupe des armées de terre et de mer, mais non les employés de l'administration militaire, qu'ils soient militaires ou civils, non plus que les hommes de la gendarmerie (1).

De ce que les militaires sous les drapeaux ne peuvent voter, il résulte que le droit de vote est suspendu aussi bien pour ceux qui accomplissent leur service actif, que pour ceux qui sont en congé temporaire dans leurs foyers, parce qu'ils sont à la disposition de leurs corps et pour les réservistes appelés à accomplir une période d'exercices (2).

Bien que privés de l'exercice du droit de vote, les mi-

(1) Pour la gendarmerie, voy, la note sous l'article 2 de la loi de 1869. Karl Rasp, *Das Reichstags-Wahlgesetz*, Munich, 1890, broch. in-32, p. 3 et suiv.

(2) V. Karl Rasp, p. 5 et 6.

D'après l'article 38 de la loi militaire de l'Empire, du 2 mai 1874, appartiennent à l'armée active :

1º Les militaires du pied de paix, savoir :

a) Les officiers, médecins et employés militaires du pied de paix, du jour de leur entrée au service, jusqu'au moment de leur congé définitif ;

b) Les rengagés depuis le commencement jusqu'à l'expiration ou l'annulation de leur rengagement ;

c) Les volontaires et les recrues levées, depuis le jour où commence leur entretien par l'administration de la guerre, les volontaires d'un an depuis la date de leur incorporation définitive dans un corps, jusqu'à l'expiration de leur service actif.

2º *a)* Les officiers, médecins, employés militaires et hommes appelés de la position de congé au service, depuis le jour de leur rappel jusqu'au jour où ils sont de nouveau envoyés en congé définitif ;

b) Tous les officiers, médecins, employés militaires levés, en temps de guerre, pour le service de l'armée ou y entrant volontairement, qui n'appartiennent à aucune des catégories ci-dessus, depuis le jour où ils sont appelés ou depuis le moment de leur entrée volontaire au service jusqu'au jour de leur congé définitif.

3º Les employés civils de l'administration de la guerre, depuis le jour de leur entrée au service jusqu'au jour de leur congé définitif (Karl Rasp, p. 113, 114, note).

Rappelons que si l'exercice du droit de vote est suspendu pour ces militaires, une exception formelle est faite par l'article 49 de la loi de 1874, pour les employés militaires.

litaires des armées de terre et de mer sont éligibles au
Reichstag, parce que l'article 4 déclare éligible tout Allemand de vingt-cinq ans, appartenant depuis un an au
moins, à l'un des États confédérés, et ne se trouvant dans
aucun des cas d'exclusion prévus par la loi, et qu'aucune
disposition de la loi ne vise les militaires pour les déclarer inéligibles.

Les États confédérés dont la réunion constitue l'Empire d'Allemagne, sont au nombre de vingt-cinq et ont,
chacun, un Parlement particulier.

Avant 1874, l'électorat était réglé pour chaque État,
d'après ses lois internes et les militaires étaient électeurs
dans la plupart des États : c'est ainsi qu'ils étaient électeurs en Bavière, en Prusse, dans le royaume de Saxe
et en Wurtemberg, mais que le droit de vote était suspendu, à leur égard, dans le duché de Bade.

Mais la loi militaire de l'Empire, du 2 mai 1874, s'ins-
pirant des principes adoptés pour l'élection au Reichstag,
a mis la situation électorale des militaires en harmonie
dans toutes les parties de l'Empire, en suspendant le
droit de vote pour les militaires de l'armée active, à
l'exception des employés militaires, dans les élections
pour la représentation particulière de chaque État (1).

Quant à l'éligibilité des militaires, elle est admise en
Bavière, en Prusse et dans le royaume de Saxe. En
Bavière, on ne peut refuser un congé aux militaires élus
députés pour siéger au Parlement ; en Prusse, ils n'ont
pas besoin d'obtenir de congé pour entrer à la Chambre
des députés, mais ils perdent leur siège s'ils reçoivent
de l'avancement pendant la durée de leur mandat. En

____

(1) Karl Rasp, p. 113 et 114, note.

Wurtemberg, les officiers, comme tous les fonctionnaires, sont frappés d'inéligibilité relative dans le ressort de leurs fonctions.

Dans le duché de Bade, au contraire, les militaires, qui ne sont pas électeurs, ne sont pas éligibles.

Angleterre.

Le Royaume-Uni de Grande-Bretagne et d'Irlande est une monarchie constitutionnelle avec un Parlement qui se compose de la *Chambre des Lords* et de la *Chambre des communes*.

La première comprend des pairs spirituels (archevêques et évêques de l'église anglicane) et des pairs temporels qui, à l'exception des pairs d'Ecosse et d'Irlande, siègent à titre héréditaire, à l'âge de vingt et un ans.

La Chambre des Communes est composée suivant un système électoral complexe : les comtés ont une représentation spéciale ; d'autre part, certaines cités et certains bourgs jouissent du droit de nommer un ou plusieurs députés ; enfin, depuis le XVIIe siècle, on a accordé aux Universités le droit d'avoir des représentants au Parlement.

Quant aux conditions requises pour l'exercice du droit électoral, elles sont au nombre de quatre :

1° Etre âgé de vingt et un ans au moins ;

2° Etre citoyen anglais ou naturalisé ;

3° Etre inscrit sur les listes électorales ;

4° Ne se trouver dans aucun des cas d'incapacité prévus par la législation.

Les règles qui déterminent les conditions du droit de

vote ou, comme on dit en Angleterre, les « franchises électorales » sont générales ou spéciales.

Dans les comtés et dans les bourgs du Royaume-Uni, est électeur :

1° En vertu du droit d'habitation, tout homme qui, à la date du 15 juillet, habite, depuis un an, en qualité de propriétaire, locataire, employé ou agent, soit une maison entière, soit un logement distinct, ne formant qu'une partie d'une maison. Peu importe, d'ailleurs, la valeur de l'habitation, il faut seulement qu'elle soit imposée à la taxe des pauvres et que tous les termes échus de cet impôt aient été régulièrement acquittés ;

2° En vertu du droit d'occupation, tout homme qui, à la date du 15 juillet, occupe, depuis un an, en qualité de propriétaire ou de locataire, une propriété quelconque, bâtie ou non bâtie, d'un revenu net annuel de 250 francs ;

3° Tout homme majeur qui, comme locataire, a occupé dans le même bourg, séparément et comme seul locataire, pendant les douze mois échus le 15 juillet, un même logement faisant partie d'une même maison d'habitation et qui y a, effectivement, résidé. Il faut que le prix de location du logement non meublé soit de 250 francs par an, et que le locataire en ait été le seul occupant pendant un an.

Quant aux franchises spéciales, les unes s'appliquent aux comtés, d'autres aux bourgs, d'autres aux Universités.

En dehors et en outre des franchises générales que nous avons énumérées, sont électeurs :

1° Dans les comtés, les propriétaires qui possèdent un bien d'un revenu déterminé par la loi ;

2° Dans les bourgs, les individus qui remplissent certaines conditions déterminées ;

3° Dans les Universités, les membres des convocations, les chanceliers, les professeurs, les membres des Cours universitaires et les gradués inscrits sur les registres.

Avant la loi de 1884 qui a consacré la réforme électorale que nous venons d'exposer, les militaires ne remplissaient pas les conditions requises pour être électeurs dans une catégorie déterminée et, par suite, ils étaient privés du droit de vote.

Depuis cette loi qui ne les a pas compris parmi les incapables, on s'est demandé si le fait d'occuper une chambre séparée, dans une caserne, ne constituait pas, légalement, un cas de franchise, et la Cour du Banc de la Reine a admis cette solution en 1885. Les officiers et les soldats sont donc électeurs, depuis cette époque.

D'autre part, les officiers de l'armée, de la marine, de la milice et des volontaires sont éligibles à la Chambre des Communes et peuvent recevoir un nouveau grade sans être obligés de se soumettre à la réélection (1).

Autriche-Hongrie.

L'Empire d'Autriche a une organisation intérieure très compliquée, chacun des pays qui en font partie conservant une organisation distincte, et le gouvernement central n'étant représenté que par un délégué ou gouverneur dans les assemblées locales de ces pays.

Le Parlement autrichien ou *Reichsrath* se compose de deux Chambres, la *Chambre des Seigneurs* dont les membres siègent par droit de naissance, à raison de

____

(1) Comte de Franqueville, *Le gouvernement et le Parlement britanniques*, t. II, p. 327 et s., 519 et s.

leurs fonctions ou par le choix du souverain, et la *Chambre des Députés*.

L'élection des membres du Reichsrath est réglée par la loi constitutionnelle du 21 décembre 1867, modifiée en 1873, et par la loi du 2 avril 1873 modifiée par celles du 4 octobre 1882 et du 14 juin 1896.

Les électeurs qui, jusqu'en 1896, étaient répartis en 4 catégories, le sont maintenant, en 5 catégories :

La grande propriété foncière ;

Les villes ;

Les chambres de commerce et d'industrie ;

Les communes rurales ;

Enfin, une catégorie générale.

L'élection a lieu, à deux degrés, dans la catégorie des communes rurales et dans certaines circonscriptions de la catégorie générale. Dans les autres catégories, les députés sont élus au suffrage direct. Les conditions d'électorat sont les mêmes au premier et au second degré : tout citoyen autrichien, âgé de vingt-quatre ans accomplis et jouissant de ses droits civils est, en principe, électeur.

Le droit de vote ne peut être exercé que personnellement, mais, par exception, dans la classe de la grande propriété foncière, il peut être exercé par procuration.

Les militaires en activité de service ne peuvent, même dans cette classe, exercer leur droit de vote que par un fondé de pouvoirs nommé par eux ; il faut, cependant, excepter de cette disposition les employés civils attachés à l'armée qui peuvent exercer, personnellement, leur droit de suffrage.

A part ce cas prévu par l'article 14 de la loi de 1873,

les officiers, aumôniers militaires, gagistes non classés et autres personnes appartenant à l'armée et à la gendarmerie, en service actif permanent ou temporaire, y compris les permissionnaires temporaires, ne peuvent prendre part à aucun vote. Mais cette exclusion n'atteint pas les employés civils attachés à l'armée.

Les militaires privés du droit électoral sont aussi frappés d'inéligibilité absolue, tant comme électeurs du second degré que comme députés. Les employés civils attachés à l'armée, en service actif permanent ou temporaire, sont également inéligibles, quoique électeurs. Mais l'inéligibilité n'atteint pas les personnes appartenant à l'armée, qui font leur service actif pendant le temps où la loi les astreint au service militaire (1).

Belgique.

En Belgique, le pouvoir législatif est exercé par deux Chambres, le Sénat et la Chambre des Représentants. La législation électorale, après avoir été souvent remaniée, a été complètement transformée en 1894, quand le cens fut supprimé.

En vertu de la loi du 12 avril 1894, sont électeurs à l'âge de vingt-cinq ans pour la Chambre et de trente ans pour le Sénat, les citoyens belges qui ont leur domicile depuis un an dans la commune sur les listes de laquelle ils sont inscrits. Un vote est attribué à tout citoyen qui réunit ces conditions d'âge, d'indigénat et de domicile. Des votes supplémentaires sont attribués, sans qu'un

(1) V. *Die Reichsraths-Wahlordnung*, vom 2 april 1872, broch. Vienne, 1885 et *Die Gesetze*, vom 14 juin 1896, broch. Vienne, 1896.

même électeur puisse avoir plus de trois votes, à ceux qui remplissent certaines conditions de cens ou de capacité constatée par des diplômes, et à ceux qui remplissent certaines fonctions ou exercent des professions déterminées par la loi : c'est ainsi que les officiers des armées de terre et de mer ont droit à deux votes supplémentaires.

Le militaires en activité de service étaient, jusqu'en 1884, électeurs et inscrits sur les listes électorales de leur commune d'origine ou de celle où ils possédaient les bases du cens et l'impôt foncier.

Mais une loi du 6 avril 1884 dont la loi de 1894 a maintenu les dispositions, a modifié cette situation : elle a suspendu le droit de vote pour les sous-officiers, caporaux et soldats, tant qu'ils sont sous les drapeaux. Mais cette suspension ne s'applique pas aux officiers.

Les sous-officiers, caporaux et soldats privés de l'exercice de leurs droits électoraux, ne sont inscrits sur les listes que s'ils ont droit au congé illimité ou définitif.

D'autre part, sont frappés de la suspension de leurs droits électoraux, ceux qui n'ont pas satisfait aux lois sur la milice, ceux qui ont été condamnés à la destitution militaire ou qui ont été privés de leur grade d'officier, ou qui ont été condamnés à l'incorporation dans une compagnie de discipline.

La loi du 28 juin 1894 a fixé les conditions de l'éligibilité ; pour être éligible à la Chambre des Représentants, il faut être Belge, jouir des droits civils et politiques, être âgé de vingt-cinq ans accomplis et avoir son domicile en Belgique.

Pour être éligible au Sénat, ces conditions sont exigées, mais l'âge requis est de quarante ans et il faut, de plus, payer au moins 1.200 francs d'impôts directs.

Les militaires sont donc éligibles aux deux Chambres, mais ils sont atteints de l'incompatibilité qui frappe tous les fonctionnaires et employés salariés de l'État (1).

Espagne.

La Constitution de 1876 a donné le pouvoir législatif aux Cortès composées de deux Chambres, le *Sénat* et la *Chambre des Députés*.

Le Sénat comprend des membres de droit, des membres nommés à vie par le Roi et des membres élus.

Sont sénateurs de droit, les capitaines généraux de 'armée, l'amiral de la flotte, les présidents du tribunal suprême de la guerre et du tribunal suprême de la flotte, après deux ans d'exercice.

Les sénateurs à vie sont nommés par le Roi dans certaines catégories qui comprennent les lieutenants généraux de l'armée et les vice-amiraux de la flotte ayant deux ans de grade ; les conseillers des tribunaux suprêmes de la guerre et de la flotte ; le doyen du tribunal des ordres militaires après deux ans d'exercice.

Les sénateurs élus doivent être choisis dans les mêmes catégories que les sénateurs à vie.

Les sénateurs ne peuvent accepter ou recevoir des fonctions, titres, insignes, sauf les fonctions de ministres, tant que les Cortès sont en session, mais le gouvernement peut leur conférer des missions.

La Chambre des députés est élue au suffrage universel.

______
(1) V. Beltejns, *Comment. législat. de la loi électorale belge du* 12 *avril* 1894.

En vertu de la loi du 26 juin 1890, sont électeurs tous les Espagnols mâles, majeurs de vingt-cinq ans, jouissant des droits civils et inscrits sur les registres d'une commune où ils comptent deux ans de résidence.

Avant la loi de 1890, les militaires étaient électeurs comme les autres citoyens, mais ils devaient satisfaire aux mêmes conditions de cens. Certaines catégories d'électeurs étaient dispensés du cens et, de ce nombre, étaient les officiers généraux des armées de terre et de mer retirés du service, et les chefs et officiers militaires et marins retraités et pensionnés ainsi que tous les porteurs de la croix pensionnée de Saint-Ferdinand, quel que fût leur grade.

Aujourd'hui que le cens est aboli, tous les militaires sont dans la même situation au point de vue de l'électorat : le droit de vote est suspendu pour tous les individus qui appartiennent aux armées de terre et de mer pendant leur présence sous les drapeaux, et il en est de même, pour tous ceux qui appartiennent à d'autres corps ou institutions armées, dépendant de l'État, des provinces ou des communes.

Parmi ces derniers, il faut comprendre les fusiliers de montagne et gardes privilégiés de la Navarre et des provinces basques, les gendarmes spéciaux de Catalogne ainsi que les gardiens de l'ordre public, tels que les gardes des municipalités et les surveillants des impôts. Mais on ne peut considérer comme corps ou institutions armées, les gardes ruraux ni les gardes de nuit (1).

Sous l'empire de la loi de 1878, les militaires étaient

(1) D. Eusebio Freixa y Rabaso, *Ley de sufragio universal para la Eleccion de diputados á Cortès*. Madrid, 1897, broch. in-18, p. 4, note 1.

éligibles à la Chambre des députés, et étaient seulement frappés d'incompatibilité relative, dans le ressort de leurs fonctions, les officiers pourvus d'un commandement militaire.

Cette situation fut également modifiée. Une loi du 7 mars 1880, transforma cette incompatibilité relative en incompatibilité absolue en n'exceptant que les fonctions militaires dont la résidence est à Madrid et auxquelles est attaché un traitement annuel de 12.500 pesetas, ainsi que les fonctions d'inspecteur du génie et d'officiers généraux de l'armée et de la flotte en résidence à Madrid (1).

Italie.

Le gouvernement du royaume d'Italie est une monarchie constitutionnelle : le roi gouverne avec le concours de deux Chambres : le *Sénat* et la *Chambre des députés*.

Le *Sénat* se compose de membres de droit (princes de la famille royale) et de membres nommés à vie par le roi, en nombre illimité, parmi les citoyens âgé des quarante ans, dans les catégories suivantes : le clergé, les sciences et l'instruction publique, les corps électifs, les hauts fonctionnaires, la magistrature, l'armée, les plus forts censitaires, et les citoyens qui, par services ou mérites éminents, ont illustré la patrie.

Les représentants de l'armée, qui peuvent être nommés membres du Sénat, sont les officiers généraux de terre et de mer, mais : les majors généraux et contre-

<hr>

(1) D. Eusebio Freixa y Rabaso. *Ley de sufragio universal para la Eleccion de diputados á Cortès*, Madrid, 1897, broch. in-18.

amiraux seulement après cinq ans de grade en activité et les intendants généraux après sept ans.

La *Chambre des députés* est élue par les électeurs censitaires.

Pour être électeur, il faut :

1º Jouir des droits civils et politiques en Italie, par naissance, par origine ou par naturalisation ;

2º Avoir vingt et un ans accomplis ;

3º Savoir lire et écrire ;

4º Justifier d'une instruction suffisante, d'un grade académique, d'une profession entraînant, avec elle, l'instruction, ou d'un certain cens.

Ainsi, sont électeurs, spécialement dans l'armée :

1º Ceux qui sont restés sous les drapeaux pendant deux ans au moins et qui, à raison du degré de leur instruction, auront été dispensés de la fréquentation de l'école du régiment ou qui l'auront fréquentée avec profit ;

2º Les officiers et sous-officiers en service et ceux qui sortent de l'armée ou de la flotte nationale avec un grade équivalent. Mais les sous-officiers et les soldats des armées de terre et de mer ne prennent pas part au vote sous les drapeaux.

Aucune exclusion de même nature n'atteint les officiers.

Quant à l'éligibilité à la Chambre des députés, elle est soumise aux conditions suivantes : en principe, est éligible tout Italien âgé de trente ans, jouissant de ses droits civils et politiques et remplissant les autres conditions prescrites par la loi.

Le mandat de député est incompatible avec les fonctions publiques rétribuées sur les fonds de l'État. Les officiers ne peuvent donc conserver leurs fonctions et leur mandat, à l'exception des officiers généraux et supérieurs des armées de terre et de mer : ceux-ci, cependant, ne peuvent être élus dans les circonscriptions où ils exercent leur commandement ni dans celles où ils ont exercé, moins de six mois avant l'élection.

Mais le nombre des fonctionnaires publics qui peuvent être, exceptionnellement, élus membres de la Chambre des députés ne peut dépasser quarante.

Les députés fonctionnaires, sauf les officiers de l'armée ou de la flotte en temps de guerre, ne peuvent obtenir d'autre avancement que celui qui est rigoureusement déterminé par l'ancienneté (1).

Portugal.

Dans le royaume de Portugal, le pouvoir législatif est exercé par la *Chambre des Pairs* et la *Chambre des Députés*.

La Chambre des Pairs, telle qu'elle est composée depuis la réforme de 1878, comprenait des membres de droit et des membres nommés par le Roi. Ces derniers devaient être choisis dans certaines catégories au nombre desquelles figuraient les maréchaux de l'armée ou les amiraux, les généraux de division ou les vice-amiraux, les généraux de brigade ou contre-amiraux ayant cinq ans de grade, les juges rapporteurs de la Cour suprême de guerre et marine.

De profondes modifications furent apportées à ce sys-

____

(1) Demombynes, *Les constitutions européennes*, t. I, p. 327 et suiv.

tème par le décret du 25 septembre 1895, en vertu duquel les Pairs à vie peuvent être choisis par le Roi parmi les citoyens âgés de quarante ans et éligibles aux fonctions de député.

Quant à la Chambre des députés, elle était élue jusqu'à la même époque, par des électeurs censitaires, mais étaient électeurs « d'office » les officiers des armées de terre et de mer, les élèves des écoles militaire et navale, et les sous-officiers touchant une solde mensuelle déterminée par la loi.

Depuis le décret du 28 mars 1895, sont électeurs tous les citoyens âgés de vingt et un ans, domiciliés en Portugal, payant un certain cens et sachant lire et écrire.

Sont éligibles à la Chambre, tous les électeurs sans condition de résidence ni de domicile. Les autorités militaires sont frappées d'inéligibilité relative, dans le ressort où elles exercent leurs fonctions et pendant six mois après qu'elles ont quitté ces fonctions.

D'autre part, il y a incompatibilité entre le mandat de député et la qualité d'officier de terre ou de mer, à l'exception des officiers généraux.

Mais les officiers ne sont pas obligés d'opter entre leur mandat et leurs fonctions : leur élection à la Chambre des députés a seulement pour conséquence de les faire mettre dans une sorte de disponibilité, car ils ne peuvent exercer leurs fonctions ni toucher leur solde pendant la durée de la législature, mais ce temps leur est compté comme temps de service pour toutes les conséquences à en tirer (1),

(1) *Annuaire de législation étrangère de la Société de législation comparée*, 1896, p. 398 et suiv.

CONCLUSION

On peut concevoir trois systèmes principaux pour la situation à donner aux militaires, au point de vue politique :

1° Ils seront électeurs et éligibles ;

2° Ils ne seront ni électeurs ni éligibles ;

3° Ils ne seront pas électeurs, mais ils seront éligibles.

1. Le premier système est actuellement en vigueur en Angleterre, mais il n'est en usage chez aucun peuple du continent. Nous avons déjà fait remarquer que l'organisation spéciale de l'armée anglaise explique, seule, qu'il puisse être, sans inconvénient, pratiqué dans le Royaume-Uni.

Les partisans de ce système diront-ils, avec Alfred de Vigny : « Le cœur de l'homme de guerre serait plus léger « dans sa poitrine s'il avait des droits d'électeur, si, « après avoir été muet dans les campagnes, il avait sa « voix dans la cité ? »

Toujours est-il que ce système a trouvé d'ardents défenseurs dans le parti socialiste. En 1894, M. Jules Guesde présentait à la Chambre des députés une proposition de loi « *tendant à réintégrer l'armée nationale dans la nation* en lui rendant l'exercice du droit de vote », proposition ainsi conçue :

Art. 1ᵉʳ. — Est abrogé l'article 9 de la loi du 15 juillet 1889.

Art. 2. — Une loi spéciale déterminera dans quelles conditions les militaires et assimilés de tous grades et de toutes armes pourront prendre part au vote. (1) »

L'échec de cette proposition n'empêcha pas un autre membre de la Chambre, M. Fournière, de déposer, le 20 décembre 1898, une nouvelle proposition conçue dans les termes suivants : « Sont abrogées les dispositions lé- « gislatives enlevant l'exercice de leurs droits politiques « aux militaires en activité de service (2). »

Le président du Conseil, M. Charles Dupuy, vit avec raison, dans cette proposition, une attaque indirecte contre nos institutions militaires et la Chambre des députés écarta la proposition Fournière par 467 voix contre 26.

Le parti socialiste, en demandant *la réintégration de l'armée nationale dans la nation,* poursuit moins l'égalité de droits pour tous les citoyens que la suppression des armées permanentes (3) vers laquelle la réalisation de ses vœux, en ce qui touche la condition politique des militaires, serait un acheminement. C'est pourquoi toute proposition de cette nature, émanée de lui, paraîtra suspecte.

Nous ne craindrons pas de dire d'ailleurs, que méconnaître l'intime union de l'armée et de la nation, à une époque où tout le monde est soldat, sauf les indignes, est une honteuse aberration. Il faut reconnaître cependant, que le parti socialiste n'a eu ni l'originalité, ni le monopole des propositions de ce genre.

---

(1) *Journ. off.*, Chambre des députés. Annexe au procès-verbal de la séance du 8 mars 1894, n° 475.

(2) *Journ.off.*, 21 décembre 1898, séance du 20 décembre, Chambre, *Déb. parlem.*, p. 2523 et s.

(3) V. Paul Louis, *Une législature,* dans la *Revue socialiste* de mars 1898, p. 322.

Dans la séance du 5 novembre 1873, le baron Eschassériaux, membre de l'Assemblée Nationale, et plusieurs de ses collègues déposèrent une proposition de loi tendant à consulter le pays sur la forme définitive du gouvernement et, à cette occasion, ils faisaient revivre le plébiscite militaire.

L'article 8 de leur proposition était, en effet, ainsi conçu :

« Les électeurs de l'armée de terre et de mer voteront dans le lieu de leur garnison ou de leur résidence au moment du vote. Chacune des sections militaires ou maritimes sera présidée par le chef le plus élevé en grade (1). »

Pour condamner ce système, nous n'aurons qu'à rappeler les nombreux inconvénients qui sont résultés de son application et que nous avons eu l'occasion d'exposer : par exemple, sous la première République, attitude menaçante des délégués de l'armée à la Convention ; sous la seconde, nombreux actes d'indiscipline allant même jusqu'au soulèvement de régiments entiers.

Admettre l'électorat et l'éligibilité des militaires, c'est, comme on l'a dit souvent à la tribune du Parlement, énerver le commandement et ruiner la discipline.

La plupart des gouvernements ont retiré le droit de vote aux militaires sous les drapeaux et quelques nations, après le leur avoir conservé jusqu'à ces derniers temps, en ont reconnu les inconvénients : la Belgique, en 1884, et l'Espagne, en 1890, ont, à leur tour, suspendu les droits électoraux des militaires.

II. Un autre système (non moins radical) consiste à

____

(1) *Journ. off.*, 10 novembre 1873, p. 6830.

retirer aux militaires l'électorat et l'éligibilité : c'est celui qui est pratiqué en France et en Autriche-Hongrie.

En France, si l'on a, depuis longtemps, admis la suspension du droit de vote pour les militaires, en activité de service, présents au corps, on n'a fait qu'assez tard une règle de l'inéligibilité des militaires pour toutes les élections : ils furent déclarés inéligibles à la Chambre des députés en 1875, au Sénat et au conseil municipal en 1884, au conseil général et au conseil d'arrondissement en 1891.

Actuellement, le principe est admis partout, dans toute sa rigueur.

Nous avons vu quels intérêts puissants et quelles considérations élevées avaient déterminé le législateur à priver toute une partie de la nation de l'exercice des droits de citoyen : la discipline militaire, sans laquelle l'armée ne peut plus remplir son double rôle : défendre les frontières et protéger les lois, est à ce prix.

Mais, tout en admettant le principe, quelques législateurs y ont apporté des tempéraments : dans certains pays, comme en Belgique et en Italie, les officiers ont été exceptés de la mesure générale qui prive les militaires sous les drapeaux du droit de suffrage, parce qu'on a eu confiance dans leur capacité et dans leur loyauté ; dans d'autres, comme en Allemagne et en Autriche-Hongrie, les officiers, comme les hommes de troupe, ne peuvent voter sous les drapeaux, mais cette mesure n'atteint pas les fonctionnaires et employés militaires, qui sont soumis à une discipline beaucoup moins sévère que les corps de troupes.

III. Enfin, un troisième système, appliqué en Allemagne et en Belgique, consiste à priver les militaires de leur droit de vote, sans leur retirer l'éligibilité. Il a l'avantage de permettre l'entrée au Parlement d'hommes d'une compétence incontestable sur les questions militaires et maritimes, tout en évitant le danger du vote des militaires.

Ne peut-il pas, en effet, sembler curieux qu'en France, où tout ce qui touche à la défense nationale intéresse si vivement les pouvoirs publics, l'armée soit, seule, exclue du Parlement? Limiter, pour les Chambres, leur recrutement dans l'armée aux officiers réformés ou retraités et aux officiers généraux du cadre de réserve, n'est-ce pas se priver de tous les éléments jeunes encore, actifs et pleins d'initiative que renferme l'armée?

C'est ce qu'ont cherché à affirmer les pays qui ont déclaré les militaires éligibles.

Mais tandis que les uns ont admis l'éligibilité purement et simplement, et ont permis aux officiers de siéger au Parlement en conservant leur fonction, d'autres ont déclaré l'incompatibilité entre la qualité de militaire et les fonctions électives : il en est ainsi de la Belgique et de l'Espagne. L'Italie, tout en considérant l'incompatibilité comme nécessaire, a fait exception pour les officiers supérieurs et généraux.

Nos sympathies iraient donc, EN THÉORIE PURE, vers le système électoral qui, refusant aux militaires le droit de vote sous les drapeaux, leur permet cependant (mais pour les militaires de carrière seulement) de solliciter les suffrages de leurs concitoyens.

Mais il ne faut pas oublier, ici, les motifs qui ont déterminé le législateur à déclarer les militaires inéligibles en France, même aux assemblées électives où il ne s'agit que d'intérêts locaux, comme les conseils municipaux et les conseils d'arrondissement. C'est que, chez nous, toute élection a, aujourd'hui, un caractère politique, et que la lutte des partis n'est pas moins violente lorsqu'il s'agit d'une représentation locale que lorsqu'il s'agit de la représentation nationale.

En Allemagne et en Belgique, au contraire, le tempérament national enlève aux luttes politiques ce caractère d'âpreté qu'elles ont revêtu, chez nous.

Nous considérons donc, en fin de compte, le système admis par le législateur français comme celui qui convient le mieux à ce pays et permet à son armée de rester ce qu'elle doit être, *la force au service de la loi*, suivant la belle parole d'un de ses chefs, sans compromettre sa dignité dans les batailles électorales.

Mais, en approuvant ce système dans ses grandes lignes, ne peut-on le considérer comme susceptible d'améliorations de détail ?

Au point de vue de l'électorat, nous admettrions, sans hésiter, la concession du droit de suffrage aux fonctionnaires militaires assimilés.

Qu'importe, en effet, pour le maintien de la discipline militaire, qu'un intendant, qu'un médecin militaire, un vétérinaire militaire ou un chef de musique prenne part au scrutin ? Ces fonctionnaires ont avec la troupe, des relations d'une nature spéciale. Un fonctionnaire de l'intendance qui passe des marchés au nom de l'État, est en relations fréquentes et obligatoires avec l'élément civil de la population : il discute les prix, écoute l'avis autorisé d'un inférieur hiérarchique, lorsque la compétence de ce dernier est indiscutable au point de vue technique. Un médecin ou un vétérinaire militaire est (ou peut être) en rapports et en relations avec ses confrères civils. Il peut être contraint de faire appel à leurs conseils et, dans tous les cas, peut discuter avec eux, sur un terrain commun qui est le domaine de la science. Tous ces fonctionnaires sont des éléments utiles, mais accessoires, de la défense nationale ; leur accorder l'électoral ne compromettrait pas la discipline de l'armée.

Quant à l'éligibilité, une autre réforme nous paraît à souhaiter.

Les militaires de tous grades et de toutes armes sont inéligibles à toutes les assemblées, depuis le Sénat, jusqu'au conseil municipal.

Cependant, aucune disposition de nos lois ne les déclare inéligibles à la présidence de la République, de telle sorte qu'un militaire, qui ne peut être conseiller municipal de sa commune, peut être Chef de l'État !

On peut se demander alors (en négligeant la question de logique), si l'éligibilité des militaires à la présidence de la République présente quelque intérêt, qui la justifie ?

A notre avis, elle ne présente que des inconvénients. L'homme, qu'une Constitution prévoyante et prudente aura, toute sa vie, éloigné de la politique, y sera peu préparé par son passé et sans aptitude éprouvée, par conséquent, pour l'avenir.

Si la confiance du Parlement l'a appelé à la tête du pouvoir exécutif, *par suite d'une transaction entre les différents partis*, son élection n'est pas une garantie de sa fidélité aux institutions nationales.

Il ne faut pas oublier, en effet, que si le Président de la République n'est pas le chef de l'armée, la Constitution lui donne le droit de disposer de cette force armée.

S'il est militaire et s'il veut revendiquer le commandement des troupes, comme l'a fait le maréchal de Mac-Mahon, qui pourra s'y opposer?

On dira, peut-être, que l'irresponsabilité du Président de la République et la nécessité, pour lui, de faire contresigner tous ses actes par un ministre, est un remède à ces dangers?

1° En ce qui concerne ses rapports avec le ministre de la guerre, nous n'admettons pas la situation fausse d'un Chef d'État, appelé à cette haute situation par son passé *militaire* (puisqu'il n'en a pas d'autre) et qui peut se trouver, quotidiennement, en conflit d'opinions sur les questions de la défense nationale avec ledit ministre. La divergence de leurs vues aura donc ce résultat inacceptable que le Président (peut-être plus compétent, mais irresponsable), devra s'incliner devant son ministre (moins éclairé, mais responsable !.....).

2° En ce qui touche ses rapports avec les autres ministres, nous nous refusons à accepter cette fonction pour un homme dont toute la carrière a été l'acquisition laborieuse et glorieuse du droit au commandement et, *par conséquent à l'initiative la plus absolue*, et qui, comme couronnement de cette existence, passerait au rang d'irresponsable, toujours et partout.

Le rôle de gardien passif de la Constitution et de spec-

tateur muet des actes ministériels n'est point celui d'un
soldat. En le lui imposant, on l'expose aux tentations et
aux facilités d'en sortir et le législateur, à notre avis,
assume l'entière responsabilité des événements qui vien-
draient à se produire.

La véritable raison du silence de la Constitution sur
les conditions d'éligibilité requises du Chef de l'État,
c'est « le peu de confiance qu'avaient les auteurs des lois
« constitutionnelles dans l'utilité et l'efficacité de régle-
« mentations prohibitives » (1).

Nous pensons donc que, dans ces conditions, une des
premières modifications à apporter à nos lois constitutionnelles serait d'écarter les militaires de la Présidence
de la République, pour laquelle ils ne sont pas faits et à
laquelle rien ne saurait les préparer.

(1) Esmein, *Elém. de droit constitut.*, 2ᵉ éd., p. 456.

Vu :

Le Président de la thèse,
CHAVEGRIN.

Vu :

Le Doyen,
GLASSON.

Vu et permis d'imprimer :

Le Vice-Recteur de l'Académie de Paris,
GRÉARD.

BIBLIOGRAPHIE

Annuaire de législation étrangère de la Société de législation comparée (*passim*).

Aumale (Duc d'). — Les institutions militaires de la France. Paris et Bruxelles, 1867.

Du Barail (Général). — Mes souvenirs. Paris, 8e éd., 1895.

Bavelier. — Dictionnaire de droit électoral. Paris, 1882, 2e éd.

Beaugé (Lieut.-Colonel). — Manuel de législation, d'administration et de comptabilité militaires. Paris, 1891, 8e éd., 2 vol.

Beltjens. — Commentaire législatif de la loi électorale du 12 avril 1894. Bruxelles.

Béquet. Dupré et Laferrière. — Répertoire du droit administratif (en cours de publication). V° *Elections*.

Bidault. — Electeurs et éligibles ; étude historique. Paris, 1879, 2e éd.

Boichot. — La Révolution dans l'armée. Bruxelles, 1865.

Boutaric. — Institutions militaires de la France. Paris, 1863.

Bresson. — De l'électorat et de l'éligibilité politiques. Paris, 1888.

Bulletin officiel du ministère de l'Intérieur (*passim*).

Bulletin de la Société de législation comparée (*passim*).

Castellane (Maréchal de). — Mémoires.

Cénac. — La liste électorale, sa composition et sa révision annuelle. Paris, 1890.

Chavegrin. — Cours professé, en 1898-1899, à la Faculté de droit de Paris.

Chante-Grellet. — Traité des élections. Paris, 1898, 2 vol.

Charbonnier. — De l'organisation électorale et représentative de tous les pays civilisés. Paris, 1883, 3e éd.

Chardenet, Panhard et Gérard. — Les élections départementales. Jurisprudence du Conseil d'Etat. Paris, 1895.

— Les élections municipales. Jurisprudence du Conseil d'Etat. Paris, 1895.

Chassin. — L'armée et la Révolution. Paris, 1867.

— Les élections et les cahiers de Paris en 1789 (Collection de documents relatifs à l'histoire de Paris pendant la Révolution française). Paris, 1888.

Chauveau (Franck). — Etude sur la législation électorale de l'Angleterre. Paris, 1874.

Chénon (Emile). — Théorie catholique de la souveraineté nationale. Paris 1898, broch. in-8°.

Choppin. — L'armée française, 1890.

Cothias. — Du service militaire dans ses rapports avec les droits politiques et le mandat législatif. Paris, 1899.

Cohn et Pasquier. — Elections législatives (LL. 30 nov. et 20 déc. 1875), Code manuel électoral. Paris, 1876.

Dalloz. — Répertoire méthodique et alphabétique de législation, de doctrine et de jurisprudence. V° *Droit politique, Organisation militaire.*

Dalloz, Griolet et Vergé. — Supplément au répertoire méthodique et alphabétique de législation, de doctrine et de jurisprudence, t. XII. V° *Organisation militaire.*

Dalloz et Vergé. — Code des lois politiques et administratives, t. I, V° *Elections,* t. V. V° *Organisation de l'armée.*

Daremberg et Saglio. — Dictionnaire des antiquités grecques et romaines. Paris (en cours de publication). V° *Comitia, Dilectus.*

Dareste. — Les Constitutions modernes. Paris, 1891, 2 vol.

Demombynes. — Constitutions européennes. Paris, 1881, 2 vol.

Dorlhac. — De l'électorat politique. Paris, 1890.

Ducrocq. — Cours de droit administratif. Paris (en cours de publication, t. 3).

Duguit et Monnier. — Les constitutions et les principales lois politiques de la France depuis 1789. Paris, 1898.

Duruy (A.). — L'armée royale en 1789. Paris, 1888.

Dussieux. — L'armée en France. Versailles, 1884, 3 vol.

Duvergier de Hauranne. — Histoire du Gouvernement parlementaire en France. 10 vol., 1862.

Esmein. — Eléments de droit constitutionnel français et comparé. Paris, 1899, 2° édit.

Fahy. — Etude de droit comparé sur l'électorat politique. Paris, 1897.

Franqueville (de). — Le Gouvernement et le Parlement britanniques. Paris, 1887, 3 vol.

Freixa y Rabaso (D. Eusebio) et Luis Falcato. — Ley de sufragio universal para la eleccion de diputados á Cortés. Madrid, 1897.

Fustel de Coulanges. — La cité antique. Paris, 1881.

Fuzier-Herman, Carpentier et Du Saint. — Répertoire général alphabétique du droit français, v° *Elections* (en cours de publication).

Garnier (Abbé). — Recherches sur les lois militaires des Grecs. Recueil de l'Acad. des Inscript. et Belles-Lettres, t. 45.

Garnier-Pagès. — Histoire de la Révolution de 1848. Paris, 1861-1872.

Greffier. — De la formation et de la révision annuelle des listes électorales. Paris, 1891, 4° édit.

— Tableau des diverses législations électorales qui se sont succédées en France depuis les Etats Généraux de 1789 jusqu'à nos jours (*Rev. Fœlix*, t. 15, p. 1 et s., 177 et s.).

Grün (A.). — Jurisprudence parlementaire, t. 1. Paris, 1842.

— Jurisprudence électorale parlementaire (*Recueil des décisions de l'Assemblée Nationale en matière de vérification de pouvoirs*). Paris, 1850.

— Jurisprudence électorale parlementaire (*Recueil des décisions du Corps législatif de* 1852 à 1864). Paris, 1864.

Garrigues. — Le droit de vote politique dans l'armée française. La Rochelle, 1898.

Guy d'Agauche. — Historique du recrutement de l'armée. Mayenne, 1894.

Hauriou. — Précis de droit administratif. Paris, 1897.

Hélie (Faustin-Adolphe). — Les Constitutions de la France. Paris, 1875.

Hérold. — Le droit électoral devant la Cour de cassation. Paris, 1869.

Iung (Th.). — L'armée et la Révolution (Dubois-Crancé). Paris, 1884, 2 vol.

Journal officiel (*passim*).

Juillet Saint-Lager. — Les élections municipales. Jurisprudence du Conseil d'Etat. Paris, 1897, 4e édit.

Knight. — The electoral system of the United States. Philadelphie, 1878.

Kraner. — L'armée romaine au temps de César. Paris, 1884.

Lamarre. — De la milice romaine. Paris, 1863.

Lebeau. — Mémoire sur la légion romaine. *Rec. de l'Acad. des inscrip. et Belles-Lettres*, t. 32.

Lebon (Chronologique). — *Recueil des arrêts du Conseil d'État*.

Lehugeur. — Histoire de l'armée française. Paris, 1880.

Les Conseils généraux (Interprétation de la loi organique du 10 août 1871). Paris, Berger-Levrault, 1878.

Marquardt. — De l'organisation militaire chez les Romains (Trad. Brissaud). Paris.

Mommsen. — Le droit public romain, t. VI, 1re partie (trad. Paul-Frédéric Girard). Paris, 1889.

Moniteur Universel (*passim*).

Morgand. — La loi municipale. Paris, 1896, 5e édit.

Pascal. — Etude sur l'armée grecque. Paris, 1886.

Picot (Georges). — Le droit électoral de l'ancienne France, les élections aux Etats Généraux dans les provinces (*Rev. des Deux-Mondes*, 1er juin 1874).

Pierre (Eugène). — Traité de droit politique électoral et parlementaire. Paris, 1893.

Pierre. — Code des élections politiques. Paris, 1893. — Lois organiques concernant l'élection des députés. Paris, 1885.

Poudra et Pierre. — Traité pratique de droit parlementaire. Paris, s. d. (1885).

Rabany. — La loi sur le recrutement. Paris, 1891, 2 vol.

Rasp (Karl). — Das Reichstags-Wahlgesetz. Munich, 1890.

Rendu (Ambroise). — Code électoral du Manuel pratique des élections municipales, départementales et politiques. Paris, 1885.

Revue Socialiste.

Roussel (François). — La nouvelle législation du recrutement de l'armée. Paris, 1891.

Rousset (C.). — Les volontaires. Paris, 1870.

Saint-Girons (de). — Manuel de droit constitutionnel. Paris, 1884.

Simonet. — Traité élémentaire de droit public et administratif. Paris, 1897, 3ᵉ édit.

Trochu. — L'armée française en 1867. Paris, 1867.

Uzé. — De la nullité en matière d'élections politiques, municipales, etc. Paris, 1896, in-8.

Vinoy. — L'armée française en 1873. Paris, 1873.

Viollet. — Histoire des institutions politiques et administratives de la France. Paris, 1898, 2 vol.

Vitu (Aug.). — Histoire civile de l'armée. Paris, 1868.

Weil (Georges-Denis). — Les élections législatives depuis 1789. Paris, 1895.

Die Gesetze vom 14 juin 1896. *Nr* 168, *und* 169. *R. G. B.* Vienne, 1896.

Die Reichsraths Wahlornung, vom 2 avril 1873. Vienne, 1885.

TABLE DES MATIÈRES

TROISIÈME PARTIE

Les principales législations d'Europe. 239

Imp. J. Thevenot, Saint-Dizier (Hte-Marne).